CHRISTOPH STUBBE
Kein Pulver – keine Feder
Ni púcha – Ni perá

CHRISTOPH STUBBE

Kein Pulver – keine Feder
Ni púcha – Ni perá

Ein Jahr unter sibirischen Berufsjägern

nimrod

Das Werk, einschließlich seiner Teile, ist urheberrechtlich geschützt. Jede Verwertung außerhalb der engen Grenzen des Urheberrechtsgesetzes ist ohne Zustimmung des Verlages unzulässig und strafbar. Das gilt insbesondere für Vervielfältigungen, Übersetzungen, Mikroverfilmungen und die Einspeicherung und Verarbeitung in elektronischen Systemen.

© 2009 edition nimrod by JANA
JANA Jagd + Natur VertriebsGmbH
Schwalbenweg 1, 34212 Melsungen
Tel. 05661-9262-0, Fax 05661-9262-20
www.nimrod-verlag.de, www.jana-jagd.de

Printed in the European Community
Satz/Layout: Frank Rakow
Titelgestaltung: J. Neumann-Neudamm AG, Abbildung Rückseite von Burkhard Stöcker
Bildnachweis: Alle Abbildungen aus dem Archiv von Christoph Stubbe.
Druck und Weiterverarbeitung: Druckerei Gutenberg Riemann GmbH, Kassel

ISBN 978-3-7888-1297-3

Inhaltsverzeichnis

Prolog *6*
Fahrt nach Irkutsk *10*
Die jagdwirtschaftliche Ausbildung *16*
Das Leben in Irkutsk *18*
Die Fakultät für Jagdwirtschaft *25*
Besuch einer Hundefarm *32*
Der erste Aufenthalt in der Taiga *39*
Mit dem Jagdinspektor in die Taiga *60*
Zum Gedenken an die Revolution *70*
Gesellschaftsjagd *70*
Der Baikal, die „Perle Ostsibiriens" *74*
Bei Bären-, Rentier- und Zobeljägern *79*
Erneut nach Molte *97*
Bärenjagd *101*
Der Brotbaum Sibiriens *108*
Jahreswende in Irkutsk *112*
Expedition zu den Tuffelari *114*
Mit Grippe in der Taiga *116*
Erbogatschon – das Hundedorf *119*
Es wird wissenschaftlich *131*
Auf Moschustiere in die Taiga *132*
Bärengeschichten *136*
Auerhuhnzählung in der Taiga *143*
Auf Basthirsche *162*
Hirschfarmen im Altai *168*
Zurück in die Heimat *185*
Epilog *188*

Prolog

Eigentlich wollte ich nach dem Forststudium in Eberswalde Anfang 1959 „wohlbestallter" Oberförster im Staatlichen Forstwirtschaftsbetrieb Hettstedt in Wippra werden. Nach zweijähriger Tätigkeit in Wippra als Vertreter für Revier- und Oberförster sowie in diversen Abteilungen des Forstbetriebes eröffnete mir der Betriebsleiter *Günter Schön*, dass er mir den Betrieb zu Füßen legen würde, aber keine freie Oberförsterstelle hätte und mich gerne als Planer einsetzen würde. Dieser hatte nach dem Betriebsleiter die höchstbezahlte Stelle im Forstbetrieb. Das war überhaupt nicht nach meinem Geschmack, da ich mich in der Praxis mit Waldbau, Forstnutzung, Forstschutz und Jagd befassen wollte.

In diesen zwei Jahren beschäftigte ich mich nebenbei gemeinsam mit meinem Vater und meinen Brüdern intensiv mit wissenschaftlichen Arbeiten am *Rehwild* in den Wildforschungsgebieten Hakel, Fallstein und Darß. Mein Vater riet mir, erst einmal im Forstbetrieb zu bleiben und als Externer eine Promotion über *Rehwild* an einem wissenschaftlichen Institut einer Universität anzufertigen. Dafür kam für mich als hinter dem „Eisernen Vorhang" lebender Ostdeutscher nur das Institut für Forstzoologie der Fakultät für Forstwirtschaft der Humboldt-Universität Berlin in Eberswalde in Frage.

Ich schrieb an seinen Direktor *Prof. Dr. Hellmuth Gäbler*, bei dem ich meine Diplomarbeit über Greifvögel im Hakel angefertigt hatte, und teilte ihm meinen Wunsch mit. Die Antwort ließ nicht lange auf sich warten. Er teilte mir mit, dass seinem Assistenten *Johannes Richter* gekündigt würde und ich auf dieser Stelle Anfang Februar 1961 bei ihm anfangen könne. Eine nochmalige Rücksprache mit meinem Direktor *Günter Schön* ergab keine Veränderung der Situation.

So beschloss ich, drei Jahre nach Eberswalde zu gehen, zu promovieren und dann möglichst im norddeutschen Raum wieder in die forstliche Praxis zurückzukehren. Doch erstens kommt es anders und zweitens als man denkt. Ich kam in diesem Institut in ein gut arbeitendes Team, in dem Zusammenarbeit groß geschrieben wurde. Obwohl ich *Rehwildforschung* betreiben wollte und musste, wurde ich in der Anfangszeit meiner Tätigkeit für Untersuchungen zur Flugzeugdüngung oder zu fischereibiologischen Arbeiten eingesetzt.

Prof. Gäbler ließ seinen Mitarbeitern freie Hand bei der Durchführung wissenschaftlicher Aufgabenstellungen, entließ sie aber fristlos, wenn sie Arbeiten nicht zu seiner Zufriedenheit durchführten. Dazu gehörte auch, dass man noch abends am Schreibtisch saß, was er regelmäßig kontrollierte.

Gleich am ersten Tag meiner Einstellung eröffnete er mir, dass ich mich im Monat mindestens eine Woche in dem von ihm betreuten Wildforschungsgebiet „Ostufer der Müritz" aufhalten müsse und dort eine umfassende Wildforschung organisieren sollte.

Prof. Gäbler war im Alter von 57 Jahren noch zum passionierten Jäger geworden und schrieb ein Buch über Wildkrankheiten, obwohl er Entomologe war. Wir erlebten in den folgenden Jahren viele gemeinsame Jagdtage an der Müritz. Nach einem halben Jahr bestellte er mich zu sich und entschuldigte sich bei mir, dass er sich aus Zeitmangel nicht um meine Dissertation und die von mir geleisteten Wildforschungsaufgaben an der Müritz kümmern könnte. Aber er würde das sicher noch nachholen. Er hatte wohl gemerkt, dass ich auch ohne dem zurechtkam. Ernsthaft befasste er sich mit diesem Problem erst wieder nach Abgabe meiner Dissertation.

Die gesamte Wissenschaftsatmosphäre an der Eberswalder Forstfakultät endete abrupt mit ihrer Auflösung aus „politischen" Gründen. Die Interimszeit von der Verkündung bis zum Vollzug im Jahr 1963 betrug ein Jahr, in dem wenig gearbeitet wurde, weil keine personellen Entscheidungen getroffen wurden. Ich nutzte die Zeit zur Materialsammlung.

Schließlich stand fest, dass *Prof. Gäbler* mit zwei Assistenten und zwei wissenschaftlich technischen Mitarbeitern an die Forstfakultät der Technischen Universität Dresden in Tharandt versetzt wird. Er sollte dort den Grundstein für ein neu zu bildendes Institut für Forstschutz und Jagdwesen legen. Davon war auch ich betroffen. Meine wesentliche Aufgabe in Tharandt bestand in der Entwicklung und Erprobung von chemischen Mitteln zur Wildschadensabwehr gemeinsam mit der chemischen Industrie, dem VEB Fettchemie Karl-Marx-Stadt. Nebenbei führte ich aber meine Dissertation über das *Rehwild* fort. 1965 schloss ich das Promotionsverfahren ab.

Die in dieser Zeit durchgeführte dritte Hochschulreform der DDR brachte erhebliche Veränderungen in der Universitätslandschaft mit sich. Die Wissenschaftlerstellen der Institute wurden in befristete und unbefristete Stellen eingeteilt. Die unbefristeten Stellen erhielten in der Regel Mitglieder der Sozialistischen Einheitspartei Deutschlands. Ich befand mich plötzlich auf einer befristeten Stelle. Das kam eigentlich meinem Bestreben nach Rückkehr in die Praxis entgegen. Leider hatte sich die Situation in der Zwischenzeit insofern verändert, als man ohne Parteizugehörigkeit kaum noch eine Chance hatte, in entsprechende Positionen der Forstwirtschaft zu kommen.

Prof. Gäbler eröffnete mir, dass es möglich wäre, meine Stelle um drei Jahre zu verlängern, wenn ich mich entschließen würde zu habilitieren. Mir blieb keine Wahl. Ich sagte zu und begann eine Habilitationsschrift über chemische Mittel zur Wildschadenverhütung, die ich 1969 erfolgreich abschloss. Was aber nun?

Schon 1967 hatte mir *Prof. Gäbler* gesagt, dass eine weitere Verlängerung meiner Stelle nach der Habilitation nur über ein Auslandstudium möglich sei. Zur Auswahl standen drei Monate in den Volksdemokratien CSSR, Ungarn und Polen oder ein Jahr in der Sowjetunion. Wie sich schnell herausstellte, waren die Drei-Monate-Studienaufenthalte an der TU Dresden sehr begehrt und ausgebucht. Dagegen war für ein Jahr in der Sowjetunion niemand zu finden, so dass mein Chef mir dazu riet, einen entsprechenden Antrag zu stellen. Nach seiner Erfahrung würde daraus sowieso nichts, da ich nicht die politischen Voraussetzungen hätte. Aber allein der Wille, in die Sowjetunion zu gehen, würde mir bei späteren Stellenbewerbungen positiv angerechnet.

Von einem russischen Studenten in Tharandt hörte ich, dass es in *Irkutsk* eine jagdliche Hochschule geben sollte. Da ich noch nicht verheiratet war, bewarb ich mich für ein Zusatzstudium in *Irkutsk* und arbeitete weiter an meiner Habilitation. Ich hörte lange Zeit nichts von meinem Antrag, musste aber 1969 einen Lehrgang für russische Sprache absolvieren.Meine Kenntnisse wurden dadurch in keiner Weise erhöht, da ich schon sieben Jahre russischen Sprachunterricht auf der Oberschule und an der Hochschule hinter mir hatte. In dieser Zeit heiratete ich und erhielt einen Lehrauftrag über Jagdzoologie.

1969 lernte ich bei einem wildbiologischen Kongress in *Moskau* den berühmten russischen Zobelforscher *Viktor Wladimirowitsch Timofejeff* kennen. Er war der Bruder eines bekannten russischen Genetikers, mit dem mein Vater vor Kriegsende in Müncheberg zusammengearbeitet hatte. Daher wusste er auch mit meinem Namen sofort etwas anzufangen. Er sprach etwas Deutsch, ich etwas Russisch, so dass wir uns gut verständigen konnten. Ich erzählte ihm von meinem Wunsch nach einem Studium in der Sowjetunion. Spontan sagte er:

„Komm doch zu uns nach *Irkutsk*. Da kannst du alles sehen und lernen, was Jagdbiologie und Jagdwirtschaft in Russland zu bieten haben." Ich versprach ihm, gegebenenfalls auf sein Angebot zurückzukommen. Im Sommer 1970 wurde ich nach Berlin zu einem Lehrgang für deutsche Studenten im Ausland gerufen.

Dort wartete eine Vertreterin des sowjetischen Hochschulministeriums, mit der, möglichst in perfektem Russisch, nähere Einzelheiten dieses Studiums geklärt werden sollten. Sie eröffnete mir, dass für mich ein einjähriges Studium an der veterinärmedizinischen Hochschule in *Moskau* vorgesehen sei. Ich sagte ihr, dass ich Forstmann und kein Veterinär sei und dass ich bereits mit Kollegen aus *Irkutsk* über meinen dortigen Aufenthalt gesprochen hätte. Sie teilte mir aber mit, dass *Irkutsk* eine für Ausländer gesperrte Zone sei. Dort komme keiner hin. Damit war das Thema „Zusatzstudium" in der Sowjetunion für mich abgehakt, und ich fuhr wieder nach Tharandt zurück.

Anfang September brachte ich meine Frau mit unseren zwei Töchtern für einige Wochen an die Ostsee. Ich musste nach Tharandt zurück, da meine Vorlesung mit Beginn des Herbstsemesters anfing. Zwei Tage nach meiner Rückkehr erhielt ich ein Telegramm, dass in einer Woche morgens um 8 Uhr auf dem Ostbahnhof in Berlin meine Reise nach *Irkutsk* über *Moskau* beginnen würde.

Ich nahm Urlaub und fuhr für drei Tage an die Ostsee, um mich von meiner Familie zu verabschieden. Noch heute bin ich meiner Frau dankbar, dass sie dies ohne Murren, aber mit etwas Wehmut akzeptierte. Es war insofern ein großes Opfer, als ich sie finanziell nicht unterstützen konnte, da ich kein Gehalt, sondern nur 120 Rubel Stipendium bekam, die so gerade für meinen Lebensunterhalt ausreichten. Meine Sozialbeiträge wurden zwar vom Hochschulministerium beglichen. Aber für die Rentenberechnung wurde das gesamte Jahr nicht gewertet. Ich erspare mir an dieser Stelle jeden Kommentar dazu. Ehemalige DDR-Bürger werden sich ihren Teil denken.

In zwei weiteren Tagen musste ich schließlich noch Kleidung für den strengen sibirischen Winter organisieren. Dabei war mir meine Mutter sehr behilflich. Warme Unterwäsche in dreifacher Ausführung, dicke Hosen und Socken, zwei warme Pullover, eine entsprechende Mütze und ein Anorak der kanadischen Armee, die mir ein Bekannter abtrat, und natürlich ein Daunenschlafsack waren die Grundausrüstung. Das größte Fragezeichen bildete das Schuhwerk, das ich letztendlich erst in Sibirien lösen konnte.

Dazu kamen die normalen Sachen für wärmere Tage und für Feierlichkeiten, zwei Fotoapparate, ein Weltempfänger, ein elektrischer und ein mechanisch aufziehbarer Rasierapparat, Geschenke in Form von sieben Messern und diverse Kleinigkeiten, die mir das Leben in der Taiga nach meinen Vorstellungen erleichtern sollten, wie z. B. ein Jagdmesser aus DDR-Produktion, das bei den sibirischen Jägern große Anerkennung fand.

Beim ersten Treffen mit Jägern in der Taiga fragte ich sie nach dem sibirischen Jägergruß. Er lautet: *„Ni púcha – Ni perá"* (Kein Pulver – Keine Feder). Damit wird der Jäger immer daran erinnert, dass man in der Taiga verloren ist, wenn man die Munition vergessen hat. Ich wählte diesen Grundsatz zum Titel. Nicht zuletzt wurde ich durch zahlreiche Presse-, Film- und Fernsehberichte über Sibirien dazu angeregt, meine Erlebnisse aufzuschreiben, da diese Berichte vielfach etwas naiv sind und das Bild Sibiriens verzerrend und falsch wiedergeben. Die Berichterstatter beurteilen die Situation nach festgelegten und entsprechend vorbereiteten Aufenthalten. Meine Erlebnisse waren oft spontan. Mein Status als Ausländer spielte mit zunehmender Aufenthaltsdauer eine immer geringere Rolle.

Fahrt nach Irkutsk

Am 23.September1970 startete ich mit einem Bekannten von Tharandt aus um 3:50 Uhr per Auto nach Berlin zum damaligen Ostbahnhof. Schließlich stand ich mit zwei Riesenkoffern mit unwahrscheinlich hohem Gewicht pünktlich auf dem Bahnsteig, um in den Sonderzug für Studenten nach *Moskau* einzusteigen. Die Kontrollen verliefen unkompliziert. Der Sonderzug mit 300 Studenten fuhr um 10 Uhr ab. Wir saßen zu viert im Abteil und machten uns zunächst bekannt. Meine Mitstreiter fuhren bis nach *Moskau*. Einer musste von dort nach Estland zurückfahren. Ein Riesenumweg, den die sowjetische Bürokratie so festgelegt hatte. Man staunte, dass ich nach *Irkutsk* wollte, da dies ja schon in Asien läge.

An der russischen Grenze gab es einen längeren Aufenthalt, da die Spurbreite der Waggons geändert werden musste. Das Eisenbahnnetz Russlands ist mit breiteren Schienen ausgestattet. Das war für mich nichts Neues, da ich es von früheren Besuchen der Sowjetunion bereits kannte. Die Fahrt nach *Moskau* verlief ohne besondere Vorkommnisse. Am 24.September trafen wir um 9:45 Uhr Ortszeit in *Minsk* ein. Unterwegs sah ich einige Male einzelne Elche auf niedrigwüchsigen Waldflächen äsen.

Am späten Nachmittag erreichten wir *Moskau* und wurden in ein Wohnheim in den *Leninbergen* gefahren. Dort herrschte ein heilloses Durcheinander. Keiner wusste zunächst, wie es weiter geht. Im Verlauf der Zeit wurden gruppenweise Studenten aufgerufen und in die jeweiligen Universitäten bzw. Orte weitergeleitet. Auf meine Anfrage, wie es mit mir weitergeht, erfolgte Schulterzucken und das später immer wieder gehörte Wort *budjet*: Es wird schon werden. Im Verlauf des Abends leerte sich das Wohnheim immer mehr. Schließlich blieben etwa zehn Studenten übrig. Wir wurden zur Übernachtung eingewiesen. Glücklicherweise hatte ich ausreichend Verpflegung im Gepäck. Außerdem hatte mein Vater mir 300 Rubel für Notfälle mitgegeben, die er von Dienstreisen übrigbehalten hatte. Diesbezüglich war ich also versorgt. Meine Mutter hatte mir in Kenntnis eigener Erfahrungen aus Urlaubsreisen zwei Päckchen Insektenpulver mitgegeben, um Wanzen, Flöhe und ähnliche Tiere abwehren zu können. Ich brauchte sie aber nicht, da das Wohnheim einen sauberen Eindruck machte. Später wusste ich, das dies ein Fehler war. Es passierte aber nichts.

Am nächsten Tag stand ich zeitig auf und ging in den *Leninbergen* spazieren. Es gab eine Mensa, in der ein spartanisches Frühstück geboten wurde. Dann kam wieder das große Warten, dass für mich zu den schlimmsten Dingen des Lebens gehört. Zahlreiche Male hörte ich *budjet*. Beim Mittagessen machte ich zum ersten Mal Bekanntschaft mit *Kascha*, der Buchweizengrütze. Bei einem Telefongespräch mit der DDR-Botschaft, deren Nummer ich von einem deutschen Studenten erhielt, wurde mir ziemlich unfreundlich mitgeteilt, dass meine Weiterreise eine Angelegenheit des sowjetischen Hochschulministeriums sei.

Nach vielem Hin und Her erhielt ich schließlich am 25. September um 20 Uhr eine Fahrkarte für die Transsibirische Eisenbahn nach *Irkutsk* und wurde um 21:40 Uhr mit einem Bus zum *Jaroslawsker* Bahnhof gebracht. Der Zug wartete bereits am Bahnsteig. Ich richtete mich mit meinen großen schweren Koffern und einer Umhängetasche in einem Liegewagen oben ein. Außer mir waren ein junger Offizier der Armee und ein etwa 18-jähriges Mädchen im Abteil. Nachts stieg auf irgendeinem Bahnhof eine vierte Person zu.

Ich lernte gleich einige Besonderheiten russischer Züge kennen. Ungewohnt war für mich die Pünktlichkeit im Gegensatz zu deutschen Verhältnissen. Ungewohnt war, dass nach Uhrzeit abgefahren wurde, ohne dass dies durch Lautsprecher angekündigt wurde. Ich musste bei Aufenthalten auf Bahnhöfen genau wissen, wie lange diese dauerten, da der Zug sonst ohne mich abgefahren wäre. Jeder Wagen hatte eine eigene Schaffnerin, die die Fahrkarten kontrollierte und die Einweisung ins Abteil vornahm. Ihre Aufgabe war es auch, den Passagieren morgens und abends ein Glas Tee zu servieren. Weiterhin musste ich mich daran gewöhnen, dass ein großer Teil der Mitfahrer tags und nachts mit Schlafanzügen herumlief. Dieser Gewohnheit schloss ich mich allerdings nicht an.

In den Abteilen gab es keine Geschlechtertrennung. Das An- und Ausziehen wurde aber insbesondere von den Frauen so geschickt und unauffällig vollzogen, dass es keine Probleme bereitete. Sehr unangenehm waren die sanitären Verhältnisse, da die Toiletten bereits nach wenigen Stunden knöcheltief unter Wasser standen und man eigentlich Gummistiefel zu ihrer Benutzung gebraucht hätte. In einem nächtlichen Gespräch mit der Schaffnerin in deren Kabine bot sie mir mit einem verschmitzten Lächeln an, für ein Rubelchen jedes Mal ihre Gummigaloschen benutzen zu dürfen. Das waren eine Art Überschuhe, in die man mit den eigenen Schuhen schlüpfte. Den Rubel zahlte ich sofort. Die Abmachung sollte für die gesamte Fahrt bis nach *Irkutsk* gelten. Leider war am nächsten Tag Personalwechsel. Die Nachfolgerin wusste von nichts und besaß auch keine Gummigaloschen.

Es gab einen Speisewagen, den ich nicht besuchte, da vor seinem Eingang ständig eine Schlange hungriger Personen stand und ich noch über eigene Vorräten verfügte. Mit dem mit mir im Abteil sitzenden Offizier schloss ich Freundschaft, und wir unterstützten uns hinsichtlich der Verpflegung gegenseitig. Ich erfuhr, dass wir am 29.

Typischer sibirischer Birkenwald. Die Stämme sind bis zum Fuß weiß

September in *Irkutsk* eintreffen sollten. Es stand uns also eine Bahnfahrt von vier Tagen und vier Nächten bevor. Der nächste Tag verlief sehr eintönig. Wir fuhren größtenteils durch Birken-Fichten-Kiefernwälder im Stangenholzalter. Ich merkte bald, dass dies noch keine Taiga war. An Tieren sah ich nur Krähen und Elstern.

Ich nahm mir vor, nach meiner Ankunft in *Irkutsk* zunächst den Zobelforscher *Viktor Wladimirowitsch Timofejeff* aufzusuchen, um mit mit ihm weitere Schritte zu beraten. Ich ging davon aus, am zeitigen Nachmittag in *Irkutsk* einzutrefffen. Mein russischer Offiziersfreund

Sibirische Nadelwaldtaiga im Herbst mit Kiefer, Fichte und Birke

im Abteil machte mich auf den Zeitunterschied aufmerksam, der von Berlin nach *Irkutsk* acht Stunden beträgt. Wir würden erst gegen 21 Uhr Ortszeit in *Irkutsk* sein, und es wäre besser *Dr. Timofejeff* ein Telegramm mit meiner Ankunftszeit zu schicken. Als wir am 27. September in *Tjumen* einen Zwischenaufenthalt von 30 Minuten hatten, gingen wir beide zur Post und gaben ein entsprechendes Telegramm auf. Wir schafften gerade so unseren Zug, und ich war froh, dass meine Ankunft in *Irkutsk* nun angekündigt war.

Das Landschaftsbild wechselte jetzt. Bei klarem Himmel kam die herrliche Herbstfärbung der Birken-Aspenwälder wunderbar zur Geltung. Den sibirischen Birken fehlt die schwarze starke Verborkung im unteren Stammabschnitt. Sie sind bis unten weiß gefärbt und ergeben zusammen mit dem goldgelben Herbstlaub ein farbenprächtiges Bild.

Im Verlauf der nächsten beiden Tage stellten wir unsere Uhren in regelmäßigen Abständen insgesamt um vier Stunden vor. Es wurde jeweils durch das Zugradio angekündigt, das sich auch als Wecker und Musikspender erwies und nicht abgestellt werden konnte.

Östlich von *Nowosibirsk* war kein Laub mehr auf den Birken. Wir tauchten nun in die Taiga ein, mit einer deutlichen Zunahme des Fich-

Dunkle Nadelwaldtaiga, selbst bei Schnee

tenanteils. Am Morgen des 29. September war die Landschaft durch Raureif und Eis auf den Wasserflächen geprägt. Wir erreichten jetzt bereits die *Irkutsker* Zeit. Der Anteil von Laubbäumen wurde geringer, der von Lärchen stieg. Wir durchfuhren jetzt die gebirgige Taiga mit Schnee auf den Bergspitzen.

Pünktlich um 21 Uhr kamen wir in *Irkutsk* an. Von meinem Freund *Timofejeff* war auf dem Bahnhof nichts zu sehen. Also gab ich meine Koffer in der Gepäckaufbewahrung ab, nahm eine Taxe und fuhr zur Wohnung des Zobelforschers. *Irkutsk* besteht aus wenigen

Holzhäuser in einer unbefestigten Nebenstraße von Irkutsk

größeren Steingebäuden und sonst nur aus kleineren oder größeren Holzhäusern. Der gute *Timofejeff* lebte weit draußen am Rand der Stadt in einem kleinen Holzhaus. Die Wege dorthin waren unbefestigt und schlecht. Es war dunkel, am Haus fehlte eine Klingel, und die Läden waren geschlossen.

Mittlerweile war es schon 23 Uhr. Der Taxifahrer riet mir, an allen Läden laut zu klopfen. Im Haus waren Geräusche zu hören, und nach längerem Warten öffnete eine nette alte Frau die Tür. Ich stellte mich vor und fragte nach Viktor. Darauf lächelte sie und erzählte mir, dass sie mein Telegramm erhalten hätte. Viktor weile seit vier Wochen in der Taiga. Seine Rückkehr wäre ungewiss, aber ich könnte bei ihr übernachten. Ich entließ den Taxifahrer und betrat das Haus. Frau *Timofejewa* machte mir eine Campingliege zurecht, und ich sank bei relativ niedrigen Temperaturen in einen unruhigen Schlaf.

Nach einem typisch russischen Frühstück mit Tee und selbstgemachter Marmelade aus Taigafrüchten verabschiedete ich mich am nächsten Morgen mit Dank von der Hausherrin und fuhr mit einem Taxibus und der Straßenbahn in die Stadt. Ich bummelte eine Stunde durch die Straßen, um einen ersten Eindruck von *Irkutsk* zu erhalten. Sie machte einen dreckigen Eindruck auf mich – schlechte größtenteils unbefestigte Straßen, eine veraltete Straßenbahn und verbeulte Autobusse. Wenige Tage später erlebte ich in der Stadt ei-

Markenzeichen des Hausbesitzers: die Fenster- und Toreinfassungen

nen Staubsturm, der mir soviel Dreck in die Augen blies, dass ich einen Augenarzt aufsuchen musste. Alle Verkehrsmittel waren mit Studenten und anderen Bevölkerungsschichten überfüllt. Das lag sicher an dem morgendlichen Studien- und Arbeitszeitbeginn. Auf den Straßen wurde unerhört viel gespuckt, so dass man an bestimmten Stellen aufpassen musste, um auf der gefrorenen Spucke nicht auszurutschen.

Schließlich erreichte ich die Landwirtschaftliche Hochschule, deren jagdwirtschaftliche Fakultät meinen einjährigen Aufenthalt in Sibirien betreuen sollte. Man hatte mir in Berlin zugesagt, dass ich Weihnachten für zwei Wochen nach Hause fliegen könne. Dieses Versprechen wurde vier Wochen, nachdem ich in *Irkutsk* war, widerrufen, da angeblich kein Geld da wäre.

Die jagdwirtschaftliche Ausbildung

Schon relativ frühzeitig hatte man in der Sowjetunion erkannt, dass man in dem riesigen Land mit seinem unermesslichen Reichtum an Wildtierarten und -mengen professionelle leistungsfähige Wildbiologen und Jagdwirtschaftler braucht, um den Naturreichtum volkswirtschaftlich nutzbringend zu verwerten. 1926 wurde an der *Irkutsker* Landwirtschaftlichen Hochschule eine Abteilung Jagdwirtschaft eingerichtet. 1933 entstand in *Moskau* ein Institut für Tierzucht und Pelztierwirtschaft. Bis zu diesem Zeitpunkt gab es an vielen Universitäten der Sowjetunion einzelne Spezialisten, die im Rahmen von biologischen oder anderen Vorlesungen auch auf jagdliche Probleme eingingen.

1950 wurde die Abteilung Jagdwirtschaft in *Irkutsk* wesentlich erweitert und von 1954 an wurde die gesamte jagdwirtschaftliche universitäre Ausbildung in *Irkutsk* konzentriert. 1965 entstand in *Kirow* am Rande des *Urals* an der dortigen landwirtschaftlichen Hochschule ebenfalls eine Abteilung Jagdwirtschaft, weil der Bedarf an qualifizierten Jagdwirtschaftlern immer größer wurde. 1968 wurden die Abteilung in *Irkutsk* und 1969 die in *Kirow* zu jagdwirtschaftlichen Fakultäten umgewandelt. *Irkutsk* bekam zunächst vier Lehrstühle und bildete pro Semester 75 Studenten aus. Die Studienzeit betrug vier Jahre, von denen ein Jahr als Praktikum zu absolvieren war. In *Kirow* wurden jährlich 50 Studenten immatrikuliert.

Von 1955 bis 1970 absolvierten 1.218 Diplomjagdwirtschaftler beide Hochschulen, davon 675 im Direktstudium. Die meisten von ihnen wurden als Leiter von staatlichen Jagdwirtschaften eingesetzt, die eine unterschiedliche Größe haben. Eine der Jagdwirtschaften, die der jagdwirtschaftlichen Fakultät *Irkutsk* als Versuchs- und Ausbildungsobjekt diente, umfasste beispielsweise 240.000 Hektar mit einem Bestand von 370 Stück Rotwild, 500 Rehen, 350 Moschustieren, 150 Elchen, 50 Luchsen, 30 Vielfraßen, 30 Bären, 300 Zobeln und einigen tausend Eichhörnchen.

„Die natürlichen Ressourcen nutzen wir in Maßen"

„Der Reichtum der Natur gehört dem Volk"

In der Jagdwirtschaft waren 30 Berufsjäger angestellt, die sich nicht nur um die Wildtiere kümmern mussten, sondern auch alle anderen Betriebszweige bis hin zur Fischerei zu organisieren hatten. Diese Jagdwirtschaft war personell bestens besetzt. Andere Jagdwirtschaften, die ich später kennenlernte, verfügten über deutlich weniger Personal. Überall wurde fehlender Nachwuchs für den Berufsjägerstand beklagt. Die bis zum Ende des Zweiten Weltkrieges stark dezimierten Schalenwild- und Pelztierbestände hatte man durch intensiven Schutz wieder deutlich angehoben. Vielfach war jedoch nun die Nutzung zu gering, da entsprechendes Personal fehlte.

Das Leben in Irkutsk

Das Hochschulgebäude betrat ich wie alle anderen Hochschulen mit einem gewissen Respekt und voller Erwartungen. Sehr schnell stellte ich jedoch fest, dass in der Fakultät an diesem Tag weder ein verantwortlicher Wissenschaftler noch der Dekan anwesend waren. Sie befanden sich alle auf Dienstreise. Schließlich wies mir ein Verwaltungsangestellter ein Zimmer in einem Studentenwohnheim zu, in dem überwiegend Studenten der asiatischen Sowjetrepubliken untergebracht waren. Ich holte meine Koffer vom Bahnhof, fuhr mit einer Taxe zum

Wohnheim und machte Quartier. Das Zimmer war spartanisch nüchtern, enthielt aber zwei Betten, drei Stühle, einen Tisch und einen Schrank. Der allgemeine Eindruck war „wanzenverdächtig".

Danach schlenderte ich wieder durch die Stadt, kaufte einige Lebensmittel und fand einen Zeitungsladen, der deutschsprachige kommunistische Zeitungen führte (Neues Deutschland, Österreichische Volksstimme). Insgesamt stellte ich fest, dass es wenig zu kaufen gab und das Wenige sehr teuer war. Lebensmittel waren ausreichend, aber in geringer Auswahl vorhanden. Fleisch- und Wurstwaren fehlten völlig. Wieder im Wohnheim angekommen, lernte ich den „Kommandant" kennen. Er übergab mir Bettwäsche und Reinigungsgerät. Ich packte einen Teil meiner Sachen aus und las Zeitungen. Abends breitete sich eine tief dunkle Nebelwolke über *Irkutsk* aus, die durch den von Autos aufgewirbelten Staub und die zahlreichen Kohlefeuerungen in den Häusern verursacht wurde. Ehe ich mich hinlegte, zog ich eine Barriere von Insektenpulver um mein Bett.

An Einschlafen war zunächst nicht zu denken. Alle zehn Minuten machte ich meine Taschenlampe an. Zwei die Wand hochmarschierende Wanzen zerdrückte ich. Einige Riesenschaben suchten das Zimmer nach verwertbaren Essensresten ab. Dies veranlasste mich, meine Lebensmittel nochmals in einen Beutel einzuwickeln. Dann sank ich aber doch in einen sehr unruhigen Schlaf.

An dieser Stelle sei eingefügt, dass drei Wochen später, am 23. Oktober, *Imrich Totschka* aus der *Slowakei* anreiste, der ein ähnliches, aber nur sechsmonatiges Zusatzstudium über Jagdwirtschaft absolvieren wollte. Wir verständigten uns auf russisch und machten danach alle Unternehmungen gemeinsam. Das hatte Vor- und Nachteile. Er wurde in mein Zimmer eingewiesen. Unser Aufenthalt in diesem Wohnheim war aber nicht von langer Dauer.

Als wir zwei Tage nach Imrichs Ankunft ins Wohnheim kamen, sahen wir auf dem Hof einen Bagger, der ein riesiges Loch im Frostboden gebuddelt hatte. Die Wasserleitung war eingefroren. Trink- und Waschwasser für die Bewohner wurde mit einem Wasserwagen angefahren. Eine alte Frau, deren Funktion mir nicht klar war, hob uns täglich einen Teekessel voll Wasser auf, so dass wir abends wenigstens Tee kochen konnten. Die Studenten hatten tagsüber das gesamte Wasser verbraucht. An Waschen war nicht zu denken.

Katastrophal waren die sanitären Verhältnisse, da keine Toilettenspülung ging. Bereits am ersten Tag waren die Toilettenbecken voll. Die sanitären Anlagen befanden sich durch einen Gang getrennt hinter den Waschräumen. Innerhalb von drei weiteren Tagen waren die Gänge zu den Toiletten mit „Haufen" vollgepflastert. Das war für mich besonders schlimm, da die Toiletten im Universitätsgebäude für mich kaum zu benutzen waren. Sie bestanden aus einem großen

Selbst im tiefsten Winter erfreute sich Speiseeis großer Beliebtheit

Raum, in dem die Pissoirbecken vorne an der Front angebracht waren. Zwei Treppen höher befanden sich die „Toilettenbecken". Sie bestanden aus einfachen etwa 20 cm großen Löchern, die im Abstand von einem Meter nebeneinander lagen. Es befanden sich vielleicht 15 derartige Löcher in Reihe.

Betrat man die Toilette, so hockten dort fünf bis zehn Studenten über den Löchern, Zeitungen lesend und rauchend. Da die Löcher auch nicht immer genau getroffen wurden, war der Anblick der freien Vertiefungen auch nicht besonders appetitlich. Dabei erinnerte ich mich noch an eine genüssliche Geschichte meines früheren Chefs, der in den fünfziger Jahren mit einem Kollegen zum ersten Mal in *Moskau* war. Als dieser nach ihrer Ankunft dringend auf die Toilette musste, kam er danach entsetzt heraus und sagte zu *Prof. Gäbler*: „Stellen Sie sich einmal vor, wie arm die Menschen hier sind. Sie müssen Knüllpapier als Toilettenpapier benutzen." Er wusste nicht, dass in der Sowjetunion das Papier nicht in die Toilette geworfen werden darf, sondern in einen extra bereitstehenden Papierkorb. Ansonsten würden die Abflussleitungen mit Zeitungspapier verstopft sein.

Als das Toilettengeschehen die Waschräume des Wohnheims erreicht hatte, protestierten wir massiv beim Dekan der jagdwirtschaftlichen Fakultät und drohten mit unserer Rückfahrt ins Heimatland, falls uns keine andere Unterkunft zugewiesen würde. Das wirkte. Wir erhielten innerhalb von zwei Tagen ein Zimmer in einem Wohnheim, das acht Kilometer außerhalb der Stadt lag. Auf unserer fünften Etage, die in Deutschland dem vierten Stock entspricht, war ein Gang mit rechts und links angeordneten Räumen, die von Wissenschaftlerfamilien bewohnt wurden. Jede Familie verfügte über einen knapp 9 Quadratmeter großen Raum. Es gab eine Gemeinschaftsküche sowie einen gemeinsamen Wasch- und Toilettenraum. Die Toiletten bestanden aus zwei Kabinen für beide Geschlechter. Mit mitteleuropäischen Verhältnissen waren aber auch sie nicht vergleichbar. Die Nachbarn waren alle sehr nett und unterstützten uns in jeder Beziehung. An das Wohnheim grenzte ein größeres Waldgebiet, so dass Toilettengänge unsererseits auch bei größter Kälte immer in den Wald erfolgten.

Interessant war der Fußmarsch von *Irkutsk* ins Wohnheim, da unsere Nachbarn uns eine Abkürzung verrieten, die mitten über den Flugplatz führte. Dieser ist einer der größten Luftverkehrsknotenpunkte in Ostasien. Es herrschte ein starker Flugbetrieb zu allen Tages- und Nachtzeiten. Man musste über die Rollbahnen laufen und wie im Straßenverkehr nach links und rechts schauen ob ein Flugzeug startete oder landete. Das war für mich als DDR-Bürger völlig ungewohnt, da bei uns Flugplätze und ähnliche Einrichtungen total eingezäunt und ein Betreten absolut verboten war.

Unser neues Wohnheim war aber nicht nur von Menschen besiedelt, sondern es war auch eine Hochburg für Wanzen und Mäuse. Man gewöhnt sich in Sibirien an vieles. An Wanzen habe ich mich aber nie gewöhnt. Sie wurden von asiatischen Studenten in ihren Koffern immer wieder mitgebracht. Es wurden von der Universität jährlich zwei Wanzenbekämpfungsaktionen durchgeführt, die jedoch immer nur für vier bis sechs Wochen „Wanzenfreiheit" sorgten. Wenn der Befall unerträglich wurde, beschwerten wir uns bei der Universitätsleitung. Dreimal schafften wir es, dass in unserem Haus zusätzliche Bekämpfungsaktionen erfolgten. Das geschah allerdings in unserer Abwesenheit, da wir jedes Mal in der Taiga weilten. Woher die zusätzlichen finanziellen Mittel kamen, blieb ein Rätsel. Der Erfolg war aus unserer Sicht aber gering, da die Insektizide nur bis zur vierten Etage reichten. Wir wohnten aber in der fünften. Folglich wanderte alles Ungeziefer nach oben, und wir hatten ein Vielfaches unseres Ausgangsbestandes. Kurioserweise verschwanden die „Wanderwanzen" nach drei Tagen wieder.

Mäuse waren dagegen angenehmere Mitbewohner. Mit ihnen bauten wir haustierähnliche Beziehungen auf. Hauptwechsel waren die Heizungsrohre, die durch relativ große unverschmierte Wandlöcher führten. Man durfte nur keine Essensreste im Zimmer herumliegen lassen. Kühlschränke gab es nicht. Lebensmittel wurden in einem Beutel aus dem Fenster gehängt. Draußen herrschte bis weit in den Frühling hinein Frost. Sehr schnell wussten wir, dass Maus nicht gleich Maus ist. Sie hatten offensichtlich auch ihre Reviere, denn uns besuchte ein Mäusebock (Iwan) und drei Mäusedamen (Anna, Berta, Frieda). Nur gelegentlich kamen fremde Mäuse.

Nach mehreren Monaten fand die friedliche Harmonie zwischen uns und der Mäusefamilie ein jähes Ende. Wir hatten es uns zur Gewohnheit gemacht, täglich abends eine Flasche Kefir zu trinken, die zwei bis drei Tage im Voraus gekauft wurde. Als wir eines Tages nach Hause kamen und uns den ersten Durst mit Kefir löschen wollten, sah ich auf Imrichs Flasche eine Fliege in der Öffnung, die offensichtlich ertrunken war. Ich machte ihn darauf aufmerksam. Aber er winkte ab, setzte die Flasche an und trank sie in einem Zug aus. Als er die Flasche absetzte, erstarrte sein Gesicht, und es wurde klar, dass es nicht eine Fliege, sondern die Schnurrbarthaare von Iwan waren, der im Kefir ertrunken war. Die Mäusedamen kamen nur sehr zögerlich nach mehreren Tagen Abwesenheit wieder.

Unser Leben in *Irkutsk* verlief außerhalb der „Dienstzeit" nach der Eingewöhnung von vier Wochen immer mehr in festen Bahnen. Wir frühstückten in der Kantine der Fakultät mit Tee und Piroggen. Das waren gebackene Teigtaschen mit verschiedenem Inhalt, am seltensten Fleisch. Meistens waren sie mit Zwiebeln, Reis oder Gemüse, aber auch mit Marmelade gefüllt. Mittags gingen wir wieder in die Kantine und aßen Kascha oder diverse Suppen, an deren Geschmack man sich gewöhnen musste.

Nach Dienstschluss gingen wir in die Stadt auf der Suche nach „Produkten", wie Lebensmittel dort bezeichnet wurden. In den Geschäften gab es die Grundlebensmittel, bis auf Fleisch, in ausreichenden Mengen zu kaufen. Wir brauchten aber auch andere lebensnotwendige Gegenstände, besonders für Taiga-Aufenthalte, die nicht so einfach zu erhalten waren. Das Warenverteilungssystem war mehr als merkwürdig. Wenn es Tassen gab, dann mussten so viel Tassen gekauft werden, wie man etwa in einem Jahr benötigte. Bei der nächsten Warenlieferung gab es Teller usw. Einen Kochtopf mit Henkel und einen Metallbecher, die zur Grundausrüstung des Taigajägers gehören, bekam ich die ganze Zeit nicht.

Es war auch nicht möglich, sich aus der DDR Pakete schicken zu lassen. Ich sollte je Quartal einen „Bezugsschein" für ein Paket aus der DDR erhalten. Weihnachten hatte ich immer noch keinen. Im Januar bekam ich dann zwei derartige Scheine, und meine Frau konnte mir endlich den dringend notwendigen Topf und einige andere Utensilien schicken. Mein Vater schaffte es, mir zwei kleine Verpflegungspakete zukommen zu lassen, die Kollegen von ihm mit nach *Moskau* nahmen und mir von dort aus mit der Post zuschickten. Die Versendung von Paketen aus *Irkutsk* in die DDR war auch ein Akt. Das, was man schicken wollte, musste man in einen Beutel packen und in der Paketabteilung der Post auf einem Packtisch ausbreiten. Dort erhielt man dann eine Kiste. Nach der Kontrolle der zu verschickenden Gegenstände durfte man vor Ort unter Aufsicht sein Paket packen. Heute weiß ich, dass die Russen der modernen Terroristenbekämpfung um Jahre voraus waren.

Ein Engpass in der Versorgung bildete das Angebot an Fleisch- und Wurstwaren in den Geschäften. In den Fleischereien lag nur mit Paprika eingepuderter ungarischer Speck in den Schaufenstern. Meistens waren sie jedoch geschlossen. Dies hing nach offizieller Erklärung mit den sowjetisch-chinesischen Grenzkriegen (1970) zusammen, die einen Import von chinesischem Schweine- und Rindfleisch unmöglich machten.

Irkutsk hatte aber in zentraler Lage eine Markthalle, in der auf individueller Basis alle Lebensmittel, die es gab, angeboten wurden – allerdings für mich zu nicht erschwinglichen Preisen. Die Händler kamen aus verschiedenen Teilen Asiens morgens mit dem Flugzeug angereist, so dass Blumen, Südfrüchte oder Fleisch immer frisch waren. Ich habe in dem knappen Jahr meines Aufenthaltes in *Irkutsk* maximal 2 kg Wurst offiziell gekauft. Es gab im Wesentlichen nur eine Sorte Wurst, die aber nirgends zu kaufen war. Das war die sogenannte *Ljubitelskaja* (die Beliebte), eine Art Jagdwurst mit nichtssagendem Geschmack. Die Würste hatten einen Durchmesser von 20 bis 30 cm.

Mein Freund Lonja meinte wiederholt schmunzelnd, dass sie ein Nebenprodukt der Raketenproduktion wären. Ich war aber immer wieder erstaunt, wenn man mit anderen einheimischen Jägern in der Taiga war, dass diese solche Wurst bei sich hatten. Woher sie sie hatten, blieb ein Geheimnis. Auf Fragen grinsten sie nur. Die Kaufgewohnheiten waren völlig anders als in der DDR. Wenn es bei uns Bananen gab, bekam jeder 1 kg, damit möglichst viele Menschen etwas erhielten. Anders in *Irkutsk*: Wenn ein Geschäft 10 Kisten Bananen hatte, kauften die ersten 10 Käufer jeder eine Kiste, manche auch zwei. Die 50 anderen, die noch in der Schlange standen gingen leer aus. Keiner murrte. „Da hast du eben Pech gehabt, Väterchen."

Wir lernten auch schnell, dass man sich, wenn vor einem Geschäft eine Schlange stand, erst einmal mit anstellt. Oft dauerte es 15 Minuten ehe man herausbekam, um was es geht. Sehr selten gab es bei Privatfeiern eine härtere Wurst, die aus Eselsfleisch gefertigt sein sollte.

Die Langeweile abends führte dazu, dass ich viele Briefe und Karten an meine Familie und an Freunde schrieb. Mir war klar, dass diese Briefe irgendwo kontrolliert wurden. Später hörte ich, dass es in *Moskau* eine Dienststelle mit 2.000 Mitarbeitern gäbe, die jeden Brief eines Ausländers lesen würden. Den Beweis dafür erhielt ich schon nach wenigen Wochen. In einem Brief an meine Frau teilte ich ihr den Stand der Wurst- und Fleischversorgung mit. 14 Tage später kam der Dekan der Forstfakultät zu mir und sagte, dass ich zu Hause doch sicher mehr Wurst- und Fleisch essen würde. Er kenne ein Geschäft, in dem wir unseren Bedarf jederzeit decken könnten. Der Zusammenhang mit dem Brief an meine Frau wurde mir erst später klar. Er ging mit uns in die Stadt in ein Lebensmittelgeschäft und stellte uns der Verkaufsstellenleiterin vor. Diese teilte uns sehr freundlich mit, dass wir selbstverständlich jederzeit Wurst bei ihr kaufen könnten. Zurzeit hätte sie aber nur Würstchen da. Wie viel wir denn haben wollten.

Imrich sah mich an. Es war der typische Blick ohne Worte, und ich sagte ihr, dass wir mit 5 kg Würstchen pro Person zunächst zufrieden wären. Ich wusste zwar nicht, was ich mit einer derartigen Menge von Würstchen machen sollte, aber wir konnten sie ja vor dem Fenster einfrieren. Zu Hause genossen wir es, indem jeder fünf Würstchen aß. Sie waren nur halb so groß wie unsere Bockwürste. Als wir am nächsten Abend nach Hause kamen und uns wieder Würstchen warmmachen wollten, war unser Erstaunen groß, da kein Beutel mehr am Fenster hing. Die Studenten hatten von oben den Würstchenbeutel geangelt. Wir machten gute Miene zum bösen Spiel und gingen am nächsten Tag wieder in unser Würstchen-Geschäft und suchten die nach unserer Erinnerung freundliche Verkaufsstellenleiterin auf, die uns aber plötzlich überhaupt nicht mehr kannte. Sie teilte uns mit, dass es Würstchen in ihrem Geschäft überhaupt nicht gäbe.

Wir ließen es dabei und bauten darauf, uns Fleisch von Jagden in der Taiga mitzubringen. Dies gelang uns auch wiederholt, aber nachdem uns die Studenten noch zweimal derartige Fleischbeutel vom Fenster weggeangelt hatten, vermieden wir es, Fleisch mit nach Hause zu bringen. So hielten wir uns weiter an diverse Molkereiprodukte. Besonders interessant und schmackhaft war die saure Sahne (*Smetana*), die ich in keinem anderen Land in einer derartig guten Qualität vorgefunden habe.

Negativ fiel in der Stadt die hohe Zahl von Betrunkenen auf. Schon nach kurzer Zeit bemerkte ich in den Lebensmittelgeschäften einzelne Männer, die eine Hand in die Knopfleiste ihres Mantels geschoben hatten und nur zwei Finger heraushielten, die sie bewegten. Ein

Freund erklärte mir dieses Verhalten, das signalisierte: „Suche zweiten Mann zum Kauf einer Flasche Wodka." Es gab mindestens 10 Sorten von Wodka im Preis zwischen 2 und 7 Rubeln. Eine der billigsten Sorten befand sich in grünen Flaschen (2,5 Rubel). Sie wurde angeblich aus Holz hergestellt, was man nach seinem Genuss am nächsten Tag im Kopf deutlich merkte. Das russische Bier war nicht genießbar. Es war in der Regel am zweiten Tag sauer, wurde aber von vielen trotzdem getrunken. Bei Promotionsfeiern und anderen Gelegenheiten wurde ein Kasten Wodka so präsentiert wie bei uns ein Kasten Bier. Getrunken wurde der Wodka grundsätzlich aus Wassergläsern (200 g). Ich ging bei einer solchen Feier nach dem dritten Glas auf die Bretter. Nach kurzer Zeit merkte ich aber auch, dass die Russen genau so viel oder wenig vertrugen wie wir Mitteleuropäer.

Jäger nahmen in die Taiga grundsätzlich keinen Wodka mit, da dies zu gefährlich ist. Er würde wahrscheinlich an den ersten beiden Tagen ausgetrunken und damit in einem totalen Besäufnis enden. Torkelt man vor die Jagdhütte und fällt dort um und schläft ein, so erfriert man bei Temperaturen von -30° bis -40° Grad schnell. Bei späteren Aufenthalten in der Taiga und der täglichen Heimkehr in einen Ort habe ich aber auch gelernt, dass Wodka ein guter Energiespender sein kann. Oft lechzte man bei der Rückkehr aus der Taiga nach einem Glas Wodka, um seine Kräfte zu erneuern.

Bei den Ewenken, 1.000 km nördlich von *Irkutsk*, mussten wir morgens ein Glas Wodka nach dem Frühstück trinken, damit die Augen bei Temperaturen über -50° Grad nicht erfrieren. Das wurde mir wiederholt von verschiedenen seriösen Jägern bestätigt. An verschiedenen Stellen der Taiga können die Temperaturen 10 bis 15 Grad niedriger liegen als in den Ortschaften. Ich fragte meinen Freund Lonja einmal, wie man denn die Temperaturen misst, da ich kein Thermometer gesehen hatte. Er erklärte mir: „Wenn du Pipi machst bildet sich bei -50° auf dem Erdboden im Schnee eine kleine Säule, bei -60 Grad kommen die Tropfen als Eisperlen auf dem Boden an." Leider kann ich das nicht bestätigen, da die tiefste Temperatur, die ich in Sibirien erlebt habe, „nur" -45 Grad betrug.

Die Fakultät für Jagdwirtschaft

Als ich am ersten Oktober um 9 Uhr in der Fakultät war, traf ich dort zum ersten Mal den Dekan *Nikolai Sergejewitsch Swiridow* an. Die Verständigung mit ihm war zunächst mehr als schwierig, da er im großen Vaterländischen Krieg eine schwere Kiefern- und Mundverletzung erhalten hatte und für mich kaum verständliche Worte und

Sätze hervorbrachte. Im Verlauf der nächsten Wochen und Monate gewöhnte ich mich daran. Er bemühte sich auch zunehmend, sehr deutlich zu sprechen, da er natürlich merkte, dass meine Russischkenntnisse zunächst mehr als dürftig waren. Gegen Ende meines Aufenthaltes in *Irkutsk* verband mich mit ihm eine herzliche Freundschaft, die viele Jahre anhielt. Wir trafen uns später noch bei etlichen Symposien und Tagungen.

Zunächst fragte er mich, was ich überhaupt in *Irkutsk* wolle. Ich antwortete ihm, dass ich das von ihm wissen wollte, worauf wir erst einmal beide lange anhaltend lachten. Damit war das erste Eis gebrochen. „Hier in Russland reden wir uns mit unserem Vornamen und dem des Vaters an. Mein Vater hieß Sergei, deshalb bin ich Nikolai Sergeijewitsch. Ich weiß, dass ihr so etwas in Deutschland nicht kennt, aber wir sind hier in Sibirien. Welchen Vornamen hat Dein Vater?" Er sah mich fragend an. „Mein Vater heißt Hans, das ist im Russischen Iwan. Also ich bin Christoph Iwanowitsch", antwortete ich ihm. Ich eröffnete ihm dann, dass ich die Jagdwirtschaft Sibiriens kennenlernen wolle und mich dafür interessiere, an welchen Themen die Jagdwissenschaftler arbeiten und welche Methoden sie anwenden. Vor allen Dingen wolle ich nicht am Schreibtisch sitzen, sondern hauptsächlich in der Praxis arbeiten. Ein leichtes Grinsen zog über sein Gesicht, er runzelte die Stirn und machte mir klar, dass dies schwierig werden würde, aber sein *budjet* machte mir Hoffnung. So ein bisschen kannte ich ja schon die russischen Verhältnisse. Aber wie schwer alles werden würde, war mir zu dem Zeitpunkt noch nicht klar.

Es stellte sich nämlich im Verlauf der Zeit heraus, dass ich in dem für Ausländer bis dahin gesperrtem Gebiet eine Reihe von Genehmigungen brauchte, wenn ich *Irkutsk* verlassen wollte. Soweit ich mich erinnere, mussten folgende Dienststellen zustimmen:
- Ministerium für Hochschulwesen,
- Ministerium für Inneres in *Moskau*,
- Sicherheitsdienststellen,
- Parteidienststellen,
- Polizei,
- Bürgermeister und von
- Volksvertretern in *Irkutsk* und den zu besuchenden Orten.

Wenn eine fehlte, konnte das den Abbruch der Reise bedeuten, wie ich es später noch beschreiben werde. Außerdem mussten Reisekosten beschafft werden, da mein Stipendium dafür nicht ausreichte. Wiederholt saß ich mit Gepäck auf dem Flugplatz und konnte nicht starten, da noch eine Genehmigung aus *Moskau* fehlte. Im Rückblick ist es mir noch heute ein Rätsel, wie Nikolai Sergejewitsch es immer wieder schaffte, alle Genehmigungen für mich zu besorgen.

Jede Tour brauchte somit ihre Vorbereitungen, so dass ich immer wieder längere Zeit in der Fakultät verbringen musste. Aber auch das hatte Vorteile, da ich viele Menschen aus allen Teilen der Sowjetunion kennenlernte: Studenten und Wissenschaftler, von denen ich einige auf späteren Tagungen und Reisen wiedertraf.

In *Irkutsk* befand sich außer der jagdwirtschaftlichen Fakultät noch die ostsibirische Abteilung des Allunionsinstitutes für Morphologie und Ökologie der Tiere. Die Zentrale hatte ihren Sitz in *Moskau*. Der Abteilungsleiter war *Semjon Klimowitsch Ustinov*, mit dem ich später auch durch die Taiga wanderte. Über meinem Schreibtisch in der Fakultät hing eine Karte der Sowjetunion, so dass ich mir von den Studenten immer zeigen lassen konnte, woher sie kamen. Da ich der erste Ausländer an der Fakultät und zudem noch promoviert und habilitiert war, wurde ich zum Anziehungspunkt von Studenten, die mit zahlreichen Fragen kamen. Keiner konnte verstehen, wie ein Professor, der ich gar nicht war, als „Student" nach *Irkutsk* kommt. Habilitierte Wissenschaftler (Doktor der Wissenschaften) in der Sowjetunion sind nämlich immer Professoren, die großen Respekt und hohes Ansehen genießen. Sie werden fast wie Halbgötter verehrt.

Ich musste Vorträge halten, die ich mir mit Hilfe meine Freundes und Betreuers *Leonid Sopin* (Lonja), einem der größten Wildschafspezialisten, ausarbeitete. Mit einem anderen Freund, MARK SMIRNOV, ein Spezialist und Buchautor über das *Sibirische Rehwild*, erarbeiteten wir eine Publikation über einen Vergleich europäischer und sibirischer Rehe. Bald kam es immer öfter zu Begegnungen mit Studenten, die die deutsche Sprache studierten. Ich war erstaunt, wie man dort deutsch sprechen konnte, ohne jemals in dem Land gewesen zu sein.

Meinem Freund Lonja war ich im Gegenzug beim Verfassen deutscher Briefe behilflich. So wollte er sich über Muffelwildprobleme bei *Prof. Müller-Using* in Göttingen informieren. Ich verfasste den Brief auf einer Schreibmaschine mit lateinischen Buchstaben. Nach vier Wochen kam eine umfangreiche Antwort an Lonja, der mit einem großen Lob über seine Kenntnisse der deutschen Sprache begann und mit einer Einladung nach Göttingen endete. Wir brachen in schallendes Gelächter aus, tranken einen Wodka, und ich brachte Lonja das erste deutsche Wort bei: „Prost".

Die Karte der Sowjetunion über meinem Schreibtisch veranlasste die Studenten auch immer wieder dazu, mich zu fragen, woher ich komme. Wenn ich dann auf die äußerste Ecke der Karte links oben zeigte, schmunzelten sie und meinten: „Vom Arsch der Welt". Mir wurde klar, dass die Erde aus unterschiedlichen Positionen recht verschieden bewertet wird und wir in Deutschland nicht im Mittelpunkt des Geschehens stehen. Einige fragten auch, ob ich aus der BRD oder der DDR käme. Meine Antwort lautete jedes Mal: „Aus Berlin". Diese

Herbstfärbung der Taiga zwischen Ikutsk und dem Baikal

Antwort wurde mit einem Kopfnicken quittiert, ohne weiter nachzufragen. Ich hatte das Gefühl, dass sie die spezielle deutsche Situation nicht kannten. Die Dozenten und Professoren dagegen hatten fast alle den Zweiten Weltkrieg erlebt und kannten die politischen Verhältnisse in Deutschland genau. Für mich hatte das Vorteile, da sie mir versicherten, dass die DDR einer der verlässlichsten Partner der Sowjetunion wäre. Das sorgte für eine gewisse Aufgeschlossenheit. Andere, die englisch verstanden, waren über das westliche Ausland besser informiert und gaben sich skeptischer. Völlig verblüfft war ich allerdings, als mir ein Jäger nach einem längeren Gespräch über die jagdlichen Verhältnisse in Mitteleuropa und Sibirien die Bitte antrug, seinen Bekannten *Heinz Müller* aus Rostock zu grüßen. Er war der Meinung, dass Rostock ein Vorort von Berlin und die Einwohnerzahl nicht so groß wäre, dass ich nicht jeden kennen würde.

Ein halbes Jahr, bevor ich nach Sibirien fuhr, hatte ich im Institut meines Vaters in Gatersleben *Dr. Sakow*, einen Genetiker aus *Irkutsk*, kennengelernt, den ich am ersten Wochenende meines dortigen Aufenthaltes aufsuchte. Er begrüßte mich herzlich und fuhr mit mir sofort auf einer der wenigen asphaltierten Straßen Sibiriens zum *Baikalsee*, der 70 km von *Irkutsk* entfernt liegt. Bedingt durch die klimatischen Verhältnisse hat man in Sibirien nur drei Monate Zeit zum Straßenbau.

Dr. Sakow besaß ein eigenes kleines Auto russischer Produktion. Die Fahrt durch die noch schneefreie vom bunten Herbstlaub geprägte Landschaft war ein Erlebnis. Bei nächtlichen Temperaturen von -10° Grad waren die um den *Baikal* gelegenen Bergspitzen bereits weiß gefärbt. Auf der Rückfahrt war plötzlich der Tank leer. Aber das war für *Sakow* kein Problem. Ich lernte sofort, dass es in Sibirien noch viele weitere Tankmöglichkeiten gibt. Er ließ den Wagen an die rechte Straßenseite rollen, hielt fünf Minuten später das erste Holzabfuhrfahrzeug an und wechselte mit dessen Fahrer einige Worte. Dieser stieg aus und öffnete den Tankverschluss des Lkw. *Sakow* hatte in der Zwischenzeit einen leeren Fünfliter-Kanister und einen Schlauch, die zur Grundausrüstung sibirischer Fahrer gehören, aus seinem Wagen geholt. Der Schlauch wurde in den Lkw-Tank gesteckt, der Diesel mit dem Mund angesaugt, und schon lief der Kanister voll. Der Fahrer nahm dankend etwas Kleingeld entgegen, das gerade für ein Bierchen reichte, wie mir *Sakow* versicherte.

Die nächste Tankstelle befand sich in *Irkutsk*. Dort konnte man Kraftstoff in jeder Menge, allerdings immer auf eine durch fünf teilbare Literzahl tanken. Erst musste bezahlt werden, dann wurde die Säule, an der man stand, von der Kasse aus für die bezahlte Kraftstoffmenge freigegeben.

In den ersten Wochen fuhr ich täglich in die Fakultät und versuchte möglichst viele der Professoren, Dozenten und Assistenten kennenzulernen und etwas über ihre Arbeiten zu erfahren. Es waren nie alle da. Ein Teil weilte im Herbst in der Taiga zum Pelztierfang, in der Jagdwirtschaft der Hochschule. Damit konnten sie sich ihr bescheidenes Gehalt aufbessern. Für die meisten Assistenten lag die Entlohnung etwa in der Höhe meines Stipendiums. In der Zwischenzeit las ich in Dissertationen und den vielen Diplomarbeiten, die in den unterschiedlichsten Regionen der Sowjetunion angefertigt waren.

Mit Nikolai Sergejewitsch besuchte ich die ostsibirische Abteilung des Allunionsinstitutes für Morphologie und Ökologie der Tiere, in der

Straßenhindernisse auf der einzigen Straße von Irkutsk zum Baikal

Mobile Tankstelle für Pkw-Fahrer

Viktor Wladimirowitsch die Zobelforschung leitete. Der Abteilungsleiter *Semjon Klimowitsch Ustinov* war sehr aufgeschlossen und erklärte sich gleich bereit, mich zu Untersuchungen mit in die Taiga zu nehmen. Sein Spezialgebiet war die Lebensweise des Moschustieres. Weitere Tage vergingen, bis ich alle Dienststellen, die mit der Jagdwirtschaft im Bezirk *Irkutsk* zu tun hatten, die Jägervereinigungen und die zentrale Pelztierbasis, die die Rauchwaren aus dem gesamten Bezirk *Irkutsk* aufkaufte, aufgesucht hatte. Diese Bekanntschaften erwiesen sich im Nachhinein als äußerst wichtig für alle Aktivitäten außerhalb *Irkutsk*s. Nikolai Sergejewitsch war ein ausgezeichneter Kenner der russischen Bürokratie. So verging die erste Woche wie im Flug. Ich kam kaum zum Nachdenken, war aber angefüllt mit vielen neuen Eindrücken.

Blick auf die Angara, der einzige Fluss, der den Baikal verlässt

In der Zwischenzeit war auch *Timofejeff* wieder aus der Taiga zurück. Am 6. Oktober setzte Schneesturm ein. Es wurde kälter, und es bildete sich eine Schneedecke. Der sibirische Winter kündigte sich an. Ich besuchte wiederholt *Timofejeff*. Wir schmiedeten eine Reihe von Plänen, die sich aber zum größten Teil nicht realisieren ließen, da die Hochschule für mich zuständig war. An einem der nächsten Tage musste ich mich mit meiner für die Taiga vorgesehenen Winterausrüstung bei Semjon Klimowitsch vorstellen. Er prüfte alles von der Mütze bis zu den Schuhen sehr sorgfältig, hatte aber kaum etwas auszusetzen. Das hatte er nicht erwartet. Ich hatte mir ja einige Kleidungsgegenstände der kanadischen Armee organisiert, die auch unter harten Winterbedingungen agieren muss.

Besuch einer Hundefarm

Am 7. Oktober war es endlich so weit. Ich brach mit Viktor Wladimirowitsch zur ersten Exkursion außerhalb *Irkutsk*s auf. Das Ziel war eine 100 km weit entfernte Farm zur Zucht von Laikas. *Timofejeff* wollte dort eine dreitägige Schulung über die Bewertung von Laikas veranstalten. Bei -10° Grad fuhren wir auf einem offenen Lkw zur

Blick auf die Hundefarm

Hundefarm. Dort erwarteten uns bereits 20 Hundespezialisten aus verschiedenen Jagdwirtschaften. Der Bedarf an Hunden für die Jagd auf Pelztiere war enorm hoch. Die Hundezuchtstation wurde staatlich gefördert. Die Jagdwirtschaften beteiligten sich an den Kosten. Das Ziel dieser Station ist die Zucht von reinrassigen ostsibirischen Laikas. Ich erfuhr, dass es vier verschiedene Laikarassen gibt: die karol-finnische, die russisch-europäische, die westsibirische und die ostsibirische. Diese vier Typen wurden 1946 festgelegt.

Typische ostsibirische Laika

Die Laika ist seit 1820 bekannt. Die Verbreitung der ostsibirischen Rasse verläuft östlich des *Jenissei*, südlich bis an die Grenze Russlands, nördlich bis zur äußersten Grenze des ewenkischen Gebietes.

1970 gab es etwa 70.000 ostsibirische Laikas. Bedingt durch die freie Hundehaltung verlief die Zucht in der Praxis völlig unkontrolliert, so dass es kaum noch reinrassige Laikas gab. In der Farm befanden sich 70 Laikas mit unterschiedlichem Aussehen. Alle Anwesenden hatten zusätzlich ihre eigenen Hunde mitgebracht, da auch eine Art Praxisprüfung stattfinden sollte. Es war wie bei uns in Deutschland: Jeder lobte seine Hunde in den höchsten Tönen.

Die Färbung ist sehr unterschiedlich

Zusammengefasst entnahm ich den Worten der Prüfungskommission, dass die Laikas alle guten Eigenschaften des Wolfes in sich vereinigen. Sie können bis zu sieben Tage ohne Futter auskommen und mit ihrem dichten Haarkleid auch noch bei -50° Grad im Schnee übernachten. Von der letzten Eigenschaft konnte ich mich später wiederholt überzeugen.

Laikas sind wenig spezialisiert. Sie arbeiten an allen Wildarten, vom Eichhörnchen und Zobel bis zum Bär und Elch, aber auch an Vögeln. Da sie mit den Menschen in der Taiga zusammenleben müssen, ist die fehlende Mannschärfe und die gegenseitige Verträglichkeit dieser Hunde besonders wichtig. Jäger haben oft drei oder vier Hunde, und beim Zusammentreffen mehrerer Nimrods dürfen keine Beißereien zwischen ihren Hunden stattfinden.

Die typische Eigenschaft der ostsibirischen Laika ist die Arbeit im Trab, während die anderen Rassen im Galopp vorgehen. Laikas arbeiten unter Einsatz von Auge, Ohr und Nase. Dem Gehör kommt bei der Pelztierjagd eine besondere Bedeutung zu. Bei den Praxisvorführungen wurde mir das sofort klar. Die wichtigsten Pelztiere waren Eichhörnchen und Zobel, die besonders häufig in den Wäldern der Sibirischen Zirbelkiefer vorkommen. Grundnahrung dieser Pelztiere sind die in den Zapfen dieser Bäume befindlichen Zirbelnüsse.

Die Sibirische Zirbelkiefer ist eine Variation unserer heimischen Gemeinen Kiefer. Sie wird im russischen *Kedr* genannt, hat aber nichts mit der Zeder zu tun. Sie ist die einzige Kiefer, die ihre Zapfen geschlossen abwirft. Bei den anderen öffnen sich die Zapfen am Baum, die Samen fallen heraus und werden vom Wind weitergetragen. Die Zirbelkieferzapfen bleiben längere Zeit geschlossen am Boden liegen und dienen allen dort lebenden Tieren vom Bär bis zu den Mäusen als Nahrung. In solchen Beständen kommen Pelztiere, insbesondere die grau gefärbten Sibirischen Eichhörnchen, in für russische Verhältnisse hoher Dichte vor. Sie werden mit Fallen gefangen.

In Birken-, Aspen- oder Lärchenwäldern fällt die Pelztierdichte geringer aus. Hier lohnte die Fallenjagd nicht. Stattdessen wurde dort die Jagd mit Laikas betrieben. Die Laikas suchen vor dem Jäger die Bestände ab. Dabei hören sie das Knacken der Zirbelnüsse oder anderer Zapfen, das die Eichhörnchen beim Fraß verursachen. Bei dem klaren, kalten, windstillen Wetter hören sie das Geräusch bis zu 200 Meter weit. Das einzige Geräusch, das man sonst noch vernimmt, ist das Hämmern der Spechte. Die Hunde kreisen das Eichhörnchen ein und verbellen schließlich dass in der Baumkrone sitzende Tier. Dieses anhaltende Sichtverbellen ist erwünscht. Spurlaut ist dagegen in der Taiga nicht angebracht, da das Wild sehr scheu ist und dadurch flüchten würde.

Der Jäger nähert sich nun in aller Ruhe diesem Baum und umkreist ihn bis er eine günstige Schussposition gefunden hat. Diese Jä-

Die Laika verbellt das auf dem Baum sitzende Eichhörnchen

ger hatten in der Regel eine kleinkalibrige Büchsflinte (Kal. 5,6/32). Eichhörnchen und Zobel wurden mit der kleinen Kugel erlegt. Der glatte Lauf diente dem Abfeuern von Flintenlaufgeschossen auf Bär oder Schalenwild, die vom Hund gestellt werden. Mit Schrot wurde allenfalls auf Raufußhühner, besonders Haselhühner, oder auf dem Wasser schwimmende Enten geschossen. 75 Prozent aller Pelztiere wurden in Russland mit Laikas gejagt. Aber sie verbellen auch aufgebaumte Raufußhühner. Die Hunde erhöhten die Produktivität der Jäger um das Fünf- bis Siebenfache.

Am ersten Tag fand eine Besprechung der Situation in der Hundezucht statt, von der ich mich nach kurzer Zeit verabschiedete, da ich die Fachausdrücke in der russischen Sprache nicht verstand. Mittagessen gab es um 18 Uhr in Form einer undefinierbaren Suppe mit Brot. Weitere Energie wurde in Form von Wodka verabreicht. Bei Petroleumlicht ging die Schulung weiter. Der Schlafraum befand sich neben dem Schulungsraum in einem Holzhaus. Er war ungeheizt von angenehmer Kühle. Ich hatte schlimmste Befürchtungen, da auf jedem Bett außer der Matratze nur eine dünne Decke lag. Vom Leiter der Station ergatterte ich aber noch zwei Schlafsäcke, einen für Viktor und einen für mich. Mein Daunenschlafsack lag in *Irkutsk*, da Viktor eine „Hotelübernachtung" angekündigt hatte.

Um ein Uhr lag ich als erster im Bett. Die übrigen Jäger krochen morgens unter der dünnen Decke hervor. Die meisten hatten sich allerdings dicke Jägerbekleidung aus dichtem Filz als „Schlafanzug" übergezogen. Ich habe im weiteren Verlauf meines Aufenthaltes

Morgens prägt Raureif und Schnee die Umgebung der Hundefarm

dann noch viele Übernachtungen in „Hotels" erlebt, bei denen mir mein Schlafsack beste Dienste geleistet hat.

Am nächsten Morgen herrschte nach meinem Empfinden klirrende Kälte mit -20° Grad Von allen Teilnehmern wurde mir aber versichert, dass diese Temperatur in Sibirien noch nicht kalt bedeutet. An den Fenstern des Schulungsraumes verdeckten dicke Eisblumen die Sicht nach draußen, obwohl die zwei eisernen Öfchen mit Lärchenholz zum Glühen gebracht wurden. Das Frühstück bestand aus einer Suppe mit Kartoffeln und Fleisch. Ich konnte nicht ermitteln, von welchen Tieren das Fleisch war, da ich auf meine Fragen nur angelächelt wurde. Ein Jäger sagte mir in einem Zwiegespräch: „Denk doch einmal nach, wir sind in einer Hundefarm." Das bedeutete „Hundefutter" oder „Hund". Mir wurde übel, aber ich schaltete ab, schwor mir aber, von der Suppe nichts mehr zu essen.

Den zweiten Tag verbrachten wir vollständig in der angrenzenden Taiga. Wir wurden in kleine Gruppen aufgeteilt, jeweils mit zwei bis drei Hunden und einem Richter, der die Hunde bewertete. Ich schloss mich der Gruppe mit Viktor an, da er etwas deutsch konnte. Unsere drei Hunde fanden in zwei Stunden je ein Eichhörnchen. Sie wurden mit hohen Noten bewertet. Mittags entfachten wir ein Feuer, kochten Tee mit Zucker und aßen Brot dazu. Viktor und ich saßen drei Stunden am Feuer und warteten auf einen Hundeführer und den zuständigen Richter, die mit einer Laika unterwegs waren.

Dabei merkte ich zum ersten Mal, dass meine Fotoausrüstung (zwei Fotoapparate des Typs Praktika) bei diesen Temperaturen völlig unbrauchbar war. Beim Versuch, den Film nach dem Auslösen weiterzutransportieren, riss die Perforation, da sie bei der Kälte spröde wurde. Eine Positionierung des Fotoapparates unter der Kutte half nichts. Dadurch sind mir viele hochinteressante Fotosituationen entgangen.

Bei dem stundenlangen Warten am Lagerfeuer zog sich Viktor plötzlich Jacke, Pullover und Unterhemd aus, da er durchgeschwitzt war und seine Sachen trocknen wollte. Er musste sich am Feuer ständig drehen, damit Bauch, Brust und Rücken warmblieben. Dabei bemerkte ich, dass sein ganzer Rücken völlig vernarbt war. Nur zögerlich erzählte er mir einige Geschichten aus seinem Leben. Er hatte außer seinem Bruder, der als Genetiker in Deutschland gearbeitet hatte, noch drei Geschwister, von denen ein Bruder 1938 erschossen wurde. Er selbst war in seiner Jugend Kommunist, wurde aber 1932 aus dem Komsomol, der kommunistischen Jugendorganisation, ausgeschlossen. Man verbot ihm, seinem Bruder in Deutschland zu schreiben. Unter *Stalins* Regie landete er 1937 für 18 Monate im Zuchthaus, wohin er 1.200 km zu Fuß laufen musste. Dort verlor er ein Auge und erhielt die Narben auf seinem Rücken. Nach näheren Einzelheiten wagte ich nicht zu fragen.

Seine Laufbahn begann er als Präparator an der *Moskauer* Universität. Später spezialisierte er sich auf Pelztiere, wurde aufgrund seiner Körperverletzungen vom Militär freigestellt und erhielt den Auftrag, im *Irkutsk*er Gebiet Pelztierfarmen zu gründen, um die fast völlig liquidierten Zobelbestände in der Taiga Ostsibiriens wieder aufzubauen. Von 1938 bis 1956 setzte er 18.000 lebende Zobel an unterschiedlichen Orten in Ostsibirien aus. Er verbrachte dazu unter anderem fünf Jahre bei den Tungusen, gemeinsam mit Frau und Sohn. Letzterer wurde im Alter von acht Jahren von einer Kuh getötet. Auch durch diese persönlichen Schicksalsschläge ließ er sich von seinem Weg nicht abbringen. In wenigen Jahrzehnten hatten sich die Zobelbestände in der Taiga Ostsibiriens wieder erholt. Heute ist die Nutzung dieser Naturressource eines der größten Probleme der Jagdwirtschaft Sibiriens, da es zu wenig Berufsjäger gibt und junge Leute das harte Leben in der Taiga scheuen. Gegenwärtig dürfte der Verfall der Pelzpreise die Situation weiter verschlechtert haben.

Viktor sah mich gedankenverloren an: „Christoph Iwanowitsch, bei den *Ewenken* habe ich ihr Taigagesetz gelernt. Es besagt: Wenn in der Taiga ein Mensch in Not zu Dir kommt, hilf ihm bis zum Letzten, soweit du kannst. Ich habe es selbst erlebt, als ich bei -50° Grad einen Fluss auf einem Rentier überqueren musste. Das Rentier brach ein und warf mich ab. Ich stand bis zum Bauch im Wasser, und meine Sachen lagen im Fluss. Ich stieg sofort wieder auf das Ren, weil ich wusste, dass Stehenbleiben mein Tod bedeutet hätten. Natürlich fror ich sofort im Reitersitz fest. Nach einigen Kilometern traf ich *Ewenken*, die mir sofort halfen. Sie schnitten mir die Kleider vom Leib und rieben mich mit Schnee ab. Meine Beine waren bereits gefroren. Dann wurde ich ins Zelt neben den Ofen zwischen Frauen gelegt. Am nächsten Tag erhielt ich eine völlig neue Pelzbekleidung".

Ich sah ihn fragend an: „Welche körperlichen Schäden hast du davon zurückbehalten Viktor?" Er zog sich Schuhe und Strümpfe aus. Einige Zehen waren nur noch als Rudimente vorhanden. „Die Zehen sind mir erfroren. Ich musste sie später operieren lassen. Seit dieser Zeit habe ich so meine Schwierigkeiten, wenn ich weite Strecken in der Taiga laufen muss, aber wie du siehst, ich lebe noch!"

Nach einigen nachdenklichen Minuten fuhr er fort: „Später war ich Leiter der Jagdwirtschaft in diesem Gebiet. Da konnte ich mich revanchieren. Ich fand in der Taiga eine hochschwangere Frau, die beim Beerensuchen ohnmächtig geworden war. Ich habe sie wieder zum Leben erweckt und genoss danach den Ruf eines Schamanen. Interessant war übrigens, dass diese *Ewenken* kein Geld kannten. Sie kauften zweimal im Jahr in dem Magazin der Jagdwirtschaft ein und bezahlten nur mit Pelzen oder mit Gold. Später habe ich dann Gold aufgekauft und ihnen Rubel dafür gegeben. So konnten sie den Wert der Waren, die sie kauften, besser erkennen. Ich hatte zeitweise bis zu 3 kg Gold in meinem Safe. Sie haben nie verraten, wo sie es gefunden haben. Bei jedem Einkauf nahmen sie Konfekt für ihre Kinder mit, die ihnen das höchste Glück bedeuteten."

Als sich die Sonne dem Horizont näherte, löschten wir das Feuer und traten den Heimweg an. Nach dem Abendbrot gingen die meisten Jäger sofort ins Bett, da sie müde von den Strapazen des Tages waren.

Viktor und ich tranken noch eine Flasche Wodka auf die Vergangenheit und Zukunft Sibiriens. Viktor war am nächsten Morgen taufrisch. Er setzte seine Tagung bis zum Mittag fort. Dann fuhren alle wieder in ihre Heimatorte. Mittagessen gab es für jeden abends zu Hause. Ich wurde von Viktor und seiner freundlichen Gattin zu einem liebevoll zubereitetem Abendbrot eingeladen, das aus Pelmeni, den russischen mit Fleisch gefüllten Teigtaschen, und einem schmackhaften Salat bestand. Danach fuhr ich mit dem Taxibus bis ins Zentrum von *Irkutsk* und lief von dort aus die 8 Kilometer über den Flugplatz bis in mein Wohnheim.

Der erste Aufenthalt in der Taiga

Die nächsten Tage nach dem Besuch der Hundefarm verbrachte ich in der Hochschule. Ich lernte weitere Mitarbeiter kennen, studierte Diplomarbeiten und informierte mich über die Jagdwirtschaft im *Irkutsker* Gebiet. Es wird auch *Pribaikalien* genannt, ist sieben Mal so groß wie die DDR es war und nahm mit 77.484.500 ha (davon 81% Wald) 18% der Fläche Ostsibiriens ein. Vier staatliche Jagdwirtschaften bewirtschafteten 11%, 17 genossenschaftliche Jagdwirtschaften 78% und 123 Jagdwirtschaften des Jagdverbandes 4% dieser Fläche. Den Rest bildeten Wildschutzgebiete und Grünzonen in Stadtnähe. Es gab 8.830 Berufsjäger, von denen 773 ständig beschäftigt waren, während der Rest als Saisonjäger arbeitete. 33.664 Sportjäger waren in 556 Jagdgesellschaften organisiert.

Der Grundbestand an Jagdhunden betrug 16.172. Schalenwild, Bär, Zobel, Bisamratte, Nerz und Fischotter durften nur mit einer Lizenz erlegt werden, die bei der Jagdbehörde gekauft werden musste. Je nach Art der Lizenz durfte man Fleisch oder Felle behalten oder musste sie gegen Bezahlung abliefern. Im Herbst 1970 wurde im Gebiet *Irkutsk* folgender Wildbestand ermittelt: 18.000–20.000 Elche, 13.000–15.000 Rotwild, 12.000–13.000 Rentiere, 45.000–50.000 Sibirische Rehe, 1.000 Schwarzwild, 500 Steinwild, 10.000–12.000 Moschustiere, 2.000–3.000 Bären, 2.000–3.000 Wölfe, 1.000 Luchse, 7.000–8.000 Füchse, 110.000–120.000 Zobel, 200 Biber, 1.000-1.650

Hasen und über 2 Millionen Eichhörnchen. Offiziell erlegt wurden: 453 Elche, 119 Stück Rotwild, 84 Rentiere, 16 Stück Schwarzwild, 600 Rehe, 375 Moschustiere, 18.000 Zobel, 450.000 Eichhörnchen, 37.000 Bisam, 4.000 Füchse, 4.000 Wiesel und 6.500 Hasen.

7 Millionen Hektar Taiga galten als freie Jagdfläche, auf denen jeder jagen durfte. Es gab drei große Pelztierfarmen, die jährlich für 600.000 Rubel Pelze produzierten. Aus der freien Wildbahn kamen im Vergleich dazu Pelze für 1.200.000 Rubel. Die gesamte Jahresproduktion von 16 Jagdwirtschaften betrug 12 Millionen Rubel. Außer Pelztierfang wurden Waldbeeren und Zapfen der sibirischen Zirbelkiefer gesammelt und verkauft.

Schon nach wenigen Tagen lernte ich den Präparator der Fakultät kennen, den ich in der Folge ständig konsultierte, da es bei ihm viel zu sehen gab und er sehr viel über die Jagd in Sibirien wusste. Bereits beim ersten Besuch der Präparatorenwerkstatt hatte ich ein Schlüsselerlebnis. In den zwei Räumen sah es wie bei allen Präparatoren für den Außenstehenden völlig ungeordnet aus. Im Hauptarbeitsraum hingen kreuz und quer im Raum verteilt Drähte, deren Bedeutung mir fraglich erschien. Ich glaubte Aufhängevorrichtungen für Bälge zu erkennen. Als ich mit meiner Kunstfaserhose an einen derartigen Draht geriet, stieg leichter Qualm auf, und die Hose war an den Berührungspunkten geschmolzen.

Der Präparator amüsierte sich köstlich. Meine Miene war eher betroffen, da es eine meiner besten Hosen war. Die Drähte endeten alle in Steckdosen. Sie wurden mittels elektrischen Strom zum Glühen gebracht und heizten so den Raum. Die Situation war einfallsreich, aber hochgefährlich. Der Präparator betonte aber, dass er sich schon so nur mit Filzstiefeln (*Walenki*) im Raum aufhalten könne, da zu wenig Heizungswärme in seine Räume gelänge. Glücklicherweise war dies in dem mir zugeteilten Arbeitsraum, den ich mir mit einer älteren Mitarbeiterin teilte, nicht so.

Nikolai Sergejewitsch signalisierte mir eines Tages, dass wir zwei Tage später zum ersten Trip in die Taiga aufbrechen würden, um die Jagdwirtschaft der Hochschule in *Golousnoje* aufzusuchen. Am nächsten Tag wurde mir Juri vorgestellt, der Jägermeister der Jagdwirtschaft, der mich für zehn Tage in die Taiga begleiten sollte. Nach kritischer Besichtigung meiner Ausrüstung entschied Juri, dass wir in die Stadt gehen müssten, um für mich noch Gummistiefel und Fußlappen zu kaufen. Letztere obwohl ich ausreichend Socken mithatte. Juri erklärte mir, wie in Sibirien Fußlappen gewickelt werden, damit man warme Füße behält und sich keine Blasen läuft. Ich übte dies abends noch mehrfach.

Nachmittags folgte dann der notwendige Kauf von „Produkten". Ohne die Kenntnis und die Beziehungen von Juri wäre ich damit hoffnungslos überfordert gewesen. Wir kauften Tee, Mehl, Trockengemüse, Zucker, Trockenmilch, Butter, Käse, Zwiebeln, Salz, Pfeffer und die „beliebte" Wurst, die es nur auf einem Hinterhof in einem Schuppen gab. Dann erhielt ich eine Hahnflinte aus Tula, die aus den Beständen der Hochschule stammte.

Nun ging es an die Herstellung von Munition, da es diese nicht zu kaufen gab. Das war eine Tätigkeit, die ich in meinem Leben noch nie gemacht hatte. Prawda-Papier diente als Pfropfen. Eine Büchse Pulver hatten wir gerade noch kaufen können. Das Pulver wurde mit großer Sorgfalt gewogen. Die Menge wurde von Schuss zu Schuss exakt eingehalten.

Der Berufsjäger nimmt nur die Einzelteile in die Taiga mit: Zehn Hülsen, Papier, Pulver, Schrot, Blei. Die Herstellung der Munition erfolgt abends in den Jagdhütten. Nach Möglichkeit werden von den erlegten Pelztieren die Bleigeschosse herausoperiert. Das Blei wird dann in Tiegeln geschmolzen und wieder in Kugelform gegossen. Flintenaufgeschosse werden aus Bleibatzen mit dem Jagdmesser geschnitzt.

Am folgenden Tag, den 13. September, lag bei -5° Grad eine leichte Schneedecke in *Irkutsk*. Wir starten um 11 Uhr und kamen gegen 15 Uhr im 80 km entfernten *Malogolousnoje* an. Juri hatte seine Laika mitgenommen. Hier wollten wir übernachten. In der mitten im Dorf gelegenen Stolowaja aßen wir gegen 16 Uhr zu Mittag und kaufen dann in einem Magazin zwei Flaschen Wodka und elf Brote für unseren zehntägigen Aufenthalt in der Taiga. Danach gingen wir durch das Dorf zu einem am Rand gelegenen Holzhaus. Die Bewohner waren aber scheinbar nicht anwesend.

Nach zehn Minuten kam eine ältere Frau, mit der Juri unsere Übernachtung im Haus aushandelte. Wir betraten das Häuschen, das aus einem großen Raum bestand. In einer Ecke befand sich ein großer aus Steinen gemauerter Ofen, in der anderen Ecke das Bett der Wirtin. In der dritten Ecke stand eine Eckbank, auf der Juri und ich schlafen sollten. Die Wirtin kochte uns noch einen Tee und machte große Augen, als Juri ihr erzählt, dass ich aus der DDR sei. „Väterchen, wo ist das, ich habe noch nie etwas von diesem Land gehört?", fragt sie Juri. Er schaute mich an und wusste erst nicht, wie er ihr das erklären sollte. Geistesgegenwärtig sagte er aber dann: „Die DDR liegt im *Pribaltikum*." Aus Höflichkeit nickte sie. Dann begaben wir uns „zu Bett". Ich entfaltete meinen Schlafsack. Juri hatte eine dicke Filzdecke. Wir entschieden uns, auf der Eckbank Fuß an Fuß zu liegen.

Eine weise Entscheidung, denn Juri schnarchte, wie alle sibirischen Jäger, in allen Tonlagen. Nachdem die Kerze und die Petroleumleuchte gelöscht waren, schob sich die Wirtin in ihr Bett ein. In der Dunkelheit erahnte ich mehr als ich erkannte, dass sie nur eine Überhose auszog, sich dann hinlegte und die Decke bis über die Ohren hochzog. In Juris Schnarchpausen hörte ich nachts merkwürdige Geräusche im Raum, die ich nicht identifizieren konnte.

Um 6 Uhr standen wir auf. Die Wirtin rührte sich nicht in ihrem Bett und Juri fachte im Herd das Feuer an, um uns einen Tee zu kochen. Nachdem ich mich angezogen hatte, ging ich zum Herd, um einmal nach dem Teewasser zu schauen. Dabei legte ich Holz auf die Ofenfeuerung und entdeckte auf dem Ofen, etwa in Augenhöhe, ein Paar Filzschuhe. Bei näherer Betrachtung sah ich, dass in den Filzschuhen Beine steckten. Die leise Befragung Juris ergab, dass auf dem Ofen die Babuschka der Wirtin lag. Jetzt wurde mir klar, woher nachts die Geräusche gekommen waren. Die alte Großmutter hatten wir während unseres Aufenthaltes im Haus zwischen 18 und 6 Uhr nicht gesehen. Sie hatte also dort über 12 Stunden gelegen, ohne sich zu rühren. Juri kannte sie aus früheren Begegnungen und meinte, sie wäre sehr menschenscheu. Um 6 Uhr verließen wir das Haus grußlos mit unserem Gepäck.

Zu uns gesellte sich noch ein Student aus *Irkutsk*, der im Gebiet arbeitete. Wir gingen zum Forstbetrieb, um nach einem Fahrzeug Ausschau zu halten, das uns tiefer in die Taiga befördern sollte. Innerhalb einer Stunde erklärte sich der Fahrer eines Holzabfuhrfahrzeuges bereit, uns 30 km mitzunehmen. Wir kamen aber erst gegen Mittag los. 30 km ist für uns Mitteleuropäer nicht weit. In Sibirien lässt sich aber aus dieser Angabe kein Hinweis entnehmen, wie lange man braucht, um diese Entfernung zu überwinden. Es gab keine festen Trassen, sondern nur Holzabfuhrwege, die sich aus Rückeschneisen entwickelt hatten. Sofern sie sich durch Feuchtgebiete zogen, hatte man rechts und links dieser Wege tiefe Gräben angelegt, um das Grundwasser abzuleiten.

Wir waren vielleicht drei Stunden gefahren, als vor uns ein mit Langholz beladenes Holzabfuhrfahrzeug quer stehend den Weg blockierte. Es war mit den Hinterrädern in den tiefen Graben neben dem Weg gerutscht und saß fest. Weit und breit war kein Mensch zu sehen. Mir schwante nichts Gutes. Juri grinste und sagte: „Christoph Iwanowitsch, das ist Sibirien!" Ich wusste nicht genau, was er meint, nickte aber mit dem Kopf. Unser Lkw-Fahrer, Juri und der Student stiegen in aller Ruhe aus. Juri suchte abseits des Weges eine trockene Stelle, entfachte ein Feuer, füllte den Teekessel mit Schnee und hängte ihn über das Feuer. Es wurde bereits dämmerig.

Nach kurzer Zeit hockten wir zu viert am Feuer, tranken Tee und aßen Brot, Butter und Käse. Von den Sibiriern hörte ich keinen Fluch. Sie hatten so etwas offensichtlich schon öfter erlebt und nahmen die Situation sehr gelassen. Auf meine Nachfrage, wo denn der Fahrer des verunglückten Lkw sei, erklärte mir Juri, dass er zu Fuß losgegangen sei, um Hilfe zu holen. „Ein Ort ist nicht in der Nähe. Er

Nichts geht mehr: Ein Holzlaster blockiert den Weg

weiß aber sicher, wo Holz gerückt wird. Dort muss er einen Traktorfahrer finden und ihn überzeugen, dass er mitkommt und das Gefährt aus dem Graben zieht. Das geht aber nicht so schnell, da beide sicher erst eine Flasche Wodka trinken, dann vor Ort übernachten und im günstigsten Fall morgen vormittag hier sind. Für uns bleibt nur die Übernachtung am Feuer. Nun müssen wir uns aber beeilen, bevor es dunkel wird. Jeder baut sich ein Lager aus Zweigen."

Es war völlig windstill in der Taiga bei geschätzten -8° Grad Jeder von uns klaubte Fichtenzweige auf, die Juri mit der Axt von den Stämmen abschlug, und stapelte sie zu einem Nachtlager. Dabei kam mein Daunenschlafsack zum ersten Mal im Freien zum Einsatz. Die Ansage von Juri lautete: „Wer nachts friert, muss Holz auf das Feuer legen." Diesen Grundsatz lernte ich noch häufig kennen. Ich brauchte kein Holz auflegen. Trockenes Holz war wie überall in der Taiga reichlich vorhanden. Die Sibirier waren mit Filzkleidung und Decken ausgestattet. Ich machte in dieser ersten im Freien verbrachten Nacht die Erfahrung, dass mein Daunenschlafsack mit einer Kunstfaserhülle versehen war, in die durch Funkenflug sofort kleine Löcher gebrannt werden. Besonders beim Auflegen von Holz auf das Feuer kommt es zu heftigem Funkenflug. Später nahm ich dann immer noch eine leichte Zeltplane mit, die ich über dem Schlafsack ausbreitete. Um 10 Uhr des nächsten Tages trafen ein Rücketraktor und der Fahrer des verunglückten Lkw bei uns ein. Nach einer Stunde Arbeit war der Weg zur Weiterfahrt frei.

Erst am nächsten Tag wurde der Weg wieder frei

Etwa im Umkreis von 100 km um größere Ortschaften traf man in Sibirien kaum Wildtiere an, da hier „Sportjäger" aktiv waren. Sie erlegten zur Eigenversorgung jedes Stück Wild. Die Sportjäger hatten den Status unseres normalen deutschen Jägers, während der Berufsjäger Profi war und mit der Jagd sein Geld verdiente. Folglich war er auch um die Erhaltung der Wildbestände bemüht, um sie nachhaltig nutzen zu können.

Mit einer Luftbilderkundung werden in der Taiga große Waldkomplexe zur Holznutzung ausgesucht. Es wird Exploitationswirtschaft betrieben, das heißt nur die stärksten Stämme werden mit großen Maschinen geerntet. In solchen großen Taigakomplexen wurde als erstes ein Dorf für Waldarbeiter gegründet, die aus allen Gegenden Russlands kamen. Dann wurden drei Jahre lang Waldwege mit riesigen Wegebaumaschinen geschoben, die nach intensiver Nutzung unbefahrbar aussehen. Erst dann wurde um das Dorf herum bis zu einer Entfernung von 50 km mit dem Holzeinschlag begonnen. Das konnte dann bis zu 30 Jahre dauern. Diese Waldwege wurden von den Sportjägern im Herbst mit Motorrädern genutzt, um in die Taiga zu kommen.

Nach zwei Stunden Fahrt waren wir am Ende des Abfuhrweges angekommen. Wir drückten unserem Fahrer fünf Rubel in die Hand, verabschiedeten uns, schulterten das Gepäck und marschieren zu Fuß los. Während des Marsches wurden Fährten und Spuren begutachtet. Bei einer Luchsspur wurden Juri und der Student ganz aufgeregt. Wir wollen aber noch eine *Simovka* (Jagdhütte) vor Anbruch der Dunkelheit erreichen und konnten uns daher noch nicht mit jagdlichen Aktivitäten aufhalten. Aber erstens kommt es anders und zweitens als man denkt.

Wir mussten ein Tal mit einem Flüsschen durchqueren. Als wir an das Flussbett kamen, sahen wir offenes Wasser mit einer Breite von 25 m. Normalerweise waren die Flüsse in dieser Größenordnung bereits zugefroren. Juri erklärte mir, dass dieser Fluss stellenweise über erwärmtes Gestein fließe und bestimmte Stellen sehr spät zufrieren. Diese Stellen wechselten aber von Jahr zu Jahr. Es half alles nichts, wir mussten durchs Wasser. Nach Juris Angaben sollte es höchstens knietief sein. Alles Gepäck wurde auf den Rücken geschnallt, und los ging es. Juri war der erste, ich folgte, und der Student bildete den Schluss. In der Mitte des Flüsschens lag die tiefste Stelle, bei der mir das Wasser bis zum Gesäß reichte. Die Außentemperaturen betrugen etwa -10° Grad Am anderen Ufer angekommen, entfachten die beiden Sibirier eine unerhörte Hektik. Sie warfen ihr Gepäck weg und rannten los, um Holz für ein Feuer zu sammeln, während ich mein Gepäck in aller Ruhe ablegte und mir das Wasser aus der Hose schlenkern wollte. Das ging jedoch nicht mehr, da es bereits gefroren war. Während ich noch überlegte, ob ich die Hose ausziehen sollte, stand ich bereits in derselben. An Ausziehen war nicht mehr zu denken. Die Knie bekam ich nicht mehr krumm.

Typisches Waldarbeiterdorf im Winter

Ergebnis der Exploatationswirtschaft

Ich musste sofort an *Timofejeff* und sein Erlebnis mit dem Rentier am Fluss denken. Glücklicherweise brannte bereits das Feuer, an dem die anderen beiden sich schon wärmten. Sie brachen in ein schallendes Gelächter aus, als sie mich so hilflos dastehen sahen. Dann kamen sie mir aber schnell zu Hilfe und trugen mich die 20 Meter zum Feuer, wo ich schnell die Hose auszog, als sie aufgetaut war. Die nassen langen Unterhosen behielten wir an. Sie mussten am Körper trocknen. Das Problem bestand in der Trocknung der Schuhe. Im Verlauf des weiteren Abends waren sie jedoch auch wieder brauchbar.

Juri erklärte mir am Feuer, dass es überlebenswichtig sei, in solchen Situationen sofort ein Feuer zu entfachen. Dafür hatte er von einer in der Nähe stehenden Birke blitzschnell die Rinde mit seinem Jagdmesser gelöst. Sie brannte sofort intensiv. Trockenes Holz war ausreichend vorhanden. Er hatte die Stelle der Flussdurchquerung bereits so gewählt, dass der Weg bis zur Birke sehr kurz war. Diese Erfahrung war für mich wichtig, als ich im folgenden Frühjahr zur Schneeschmelze noch mehrfach in solche Situationen geriet. In dieser Zeit hatten wir Plustemperaturen, aber trotzdem war es auch wichtig, möglichst schnell ein Feuer zu entfachen. Gelingt das im Winter nicht, dann ist der Jäger verloren. Er erfriert.

Wir mussten also wieder am Feuer übernachten. Eine nächtliche Wanderung quer durch die Taiga war unmöglich, da überall Windbruch oder alte zusammengefallene Bäume lagen. Sobald die Sachen trocken waren, stieg die Stimmung wieder. Wir tranken Tee, aßen

Brot und Käse und genehmigten uns eine der zwei mitgeführten Flaschen Wodka – entgegen den Gewohnheiten und Gesetzen des Jägerlebens in der Taiga. In der Regel wurde kein Alkohol vom Jäger in die Taiga mitgenommen. Betrunkene Menschen erfrieren leicht, wenn sie in diesem Zustand stürzen und einschlafen. Die sibirischen Jäger tranken erst am Ende der Jagdsaison nach Rückkehr in ihre Heimatorte. Dann aber ausgiebig und anhaltend.

Am nächsten Morgen frühstückten wir, tranken Tee und packten unsere Sachen. Bevor es losging, setzten wir uns nochmals zehn Minuten hin und tranken einen Becher Tee. Man konzentriert sich so noch einmal auf das weitere Vorhaben. Erst dann löschten wir sorgfältig das Feuer und brachen auf. Auf meine Frage an Juri, was uns noch für Hindernisse erwarteten, lachte er: „Es ist nicht mehr weit." Wir querten Spuren von Zobel, Eichhörnchen, Hase und Fährten vom Moschustier und beobachteten wiederholt Haselhühner. Juris Laika, die immer kurz vor uns stöberte, verbellte dreimal Eichhörnchen, die er mit guten Schüssen erlegte. Nach drei Stunden erreichten wir die *Simovka*. Wir legten das Gepäck ab und heizten zunächst den Ofen. Dieser bestand aus einem viereckigen Eisenkasten, in den ein Abzugsrohr und eine Tür eingelassen waren. Nach unten schloß er mit einem löchrigen Rost ab, unter dem sich eine größere Grube befand. Über die ganze Jagdsaison fiel die Holzasche in diese Grube. Sie wur-

Lieber trocken balancieren als mit nassen Hosen durch den Fluss

de nur einmal im Sommer geleert. Der Student musste die Jagdhütte säubern. Juri winkte mir, ihm zu folgen.

Wir gingen etwa 50 Meter bis zu einem zugefrorenem Bach. An einer Stelle hackte Juri mit der Axt ins Eis, bis eine Rotwildkeule zum Vorschein kam. Sie bildete an den nächsten Tagen einen wichtigen Teil unserer Ernährung. Anfang September schossen sich die Pelztierjäger in der Regel ein Stück Rotwild oder anderes Schalenwild, zerlegten es, hingen die Einzelstücke in einen Bach und ließen sie einfrieren. Sie mussten nur aufpassen, dass keine Bären in der Nähe waren. Während der Pelztierjagd hatte der Jäger keine Zeit, sich um Nahrungsbeschaffung zu kümmern.

Wir befanden uns in diesem Teil des *Baikalgebietes* an der Verbreitungsgrenze zweier Unterarten des Rotwildes – des *Isubra* und des *Marals*, die sich auch kreuzen können. Die Rotwildkeule wurde draußen an die Jagdhütte gehängt. Das war in meinen Augen ein Risiko, da die Bären noch nicht alle im Winterlager waren. Juri meinte aber, dass sie sich jetzt sehr viel Winterspeck angefressen hätten und nicht mehr auf zusätzliche Nahrung aus waren. Täglich, wenn wir nachmittags von der Jagd nach Hause kamen, schnitten wir uns eine dünne Scheibe Fleisch von der gefrorenen Keule ab und verzehrten sie roh und gefroren.

Die Jagdhütte in Golousnoje. Im Vordergrund die Sauna

Kochstelle vor der Jagdhütte

Ich empfand es als große Köstlichkeit, auf die ich mich schon tagsüber freute. Ansonsten wurde das Fleisch nur in Suppen, meistens in Wassereimern gekocht. Diese Suppen enthielten Kartoffeln, Zwiebeln, Trockengemüse, Fleisch, Salz und Pfeffer. Später kauften *Imrich Totschka* und ich uns eine Pfanne, schleppten diese mit in die Taiga und brieten in dieser dann Jägerschnitzel. Diese Art der Fleischzubereitung war den sibirischen Jägern nicht bekannt, fand aber ihre volle Anerkennung. Das war insofern von Nachteil als wir dann nur noch Jägerschnitzel braten mussten und keiner mehr Suppe essen wollte.

Um 20 Uhr hatten wir unser Mittagessen in der Jagdhütte beendet! Unsere Sachen waren sortiert. Jetzt forderte mich Juri auf, mit auf die Jagd zu kommen. Er behauptete, dass man nachts leichter frische Zobelspuren findet, und der Hund dann den Marder auf dem Baum verbellen würde. Es war Vollmond und stilles, klares Winterwetter. Wir ließen den Hund vor uns arbeiten, fanden viele Eichhörnchenspuren, eine Moschustierfährte, aber keine Zobelspur. Nach zwei Stunden brachen wir ab und gingen zur Jagdhütte zurück. Dort tranken wir Tee und erzählten Jägerlatein. Leider war mein Russisch noch so schlecht, dass ich die Pointen der Witze nicht verstand. Aber natürlich lachte ich mit. Dies veranlasste sie, immer mehr Witze zu erzählen. In der Regel dienten die Abende in den Jagdhütten bei Kerzenlicht dazu, die gefangenen oder erlegten Eichhörnchen oder Zobel abzubalgen oder um Munition herzustellen.

Unser „Bett" war eine längliche Pritsche, auf die wir uns zu dritt quer drauflegten. Ich verbrachte später viele Nächte in solchen Positionen . Zu Beginn fiel es mir schwer, mich an die „ökologischen Verhältnisse" zu gewöhnen. Der sibirische Jäger trägt meistens einen Vollbart, damit er sich in der Taiga nicht zu rasieren braucht, und er isst gern Knoblauch, aber nur in der Taiga. Wenn man mit mehreren Jägern auf der Pritsche liegt und sich zur Seite dreht, haucht einem der Nachbar intensivsten Knoblauchdunst in die Nase. Dreht man sich zur anderen Seite, entgegnet einem das tiefe, laute Schnarchen des anderen Nachbarn. Ich habe mich in solchen Fällen immer darum bemüht, einen Randplatz zu bekommen, um nur einen Nachbarn zu haben. Den musste man allerdings nachts mit Gewalt verteidigen. Sonst lag man unten, wenn der Nachbar sich drehte.

Außerdem war es gewöhnlich so, dass der in der Jagdhütte stehende „Kanonenofen" kurz vorm Schlafengehen nochmals voll hochgeheizt wurde, so dass er beinahe glühte und man schweißgebadet in sauerstoffarmer Luft lag. Dies änderte sich im Verlauf der Nacht drastisch. Die Luft wurde sauerstoffreicher und eiskalt. So manches Mal rannte ich nach 30 Minuten Liegezeit aus der Jagdhütte, um draußen tief Luft zu holen. Beeindruckend war dann immer die Nähe und Deutlichkeit der Sterne, die in der glasklaren Luft Sibiriens voll zur Geltung kamen und sehr „nahe" waren. Im Verlauf der Zeit gewöhnte man sich an diese Bedingungen, besonders, wenn man tagsüber jagte. Wir legten jeden Tag zwischen 30 und 40 Kilometer im tiefen Pulverschnee zurück. Dies zeigte jedenfalls Juris Kilometerzähler an.

Bärenfährte, keine fünf Minuten alt

In unserem Gebiet gab es einen guten Bärenbestand. Um diese Zeit suchten die Bären ihr Winterlager. Täglich sahen wir frische Bärenfährten. Wiederholte hatte ein Petz unsere Fährte gekreuzt, wenn wir nach 30 bis 40 Minuten auf unserer Spur zurückkamen. Gesehen habe ich jedoch keinen. Juri versicherte mir immer wieder, dass die Braunen uns beobachten und vorbeilaufen lassen, ehe sie ihren Wechsel fortsetzen. Allein das Wissen um ihre Anwesenheit versetzte mich in eine gewisse Spannung, ohne an irgendeine Gefahr zu denken. Als ich später mehr von ihnen erfuhr, wurde ich vorsichtiger. Im Jagdgebiet der Hochschule war die Bärenjagd verboten. Trotzdem holte Juri eines Abends unter der Pritsche einer Jagdhütte die abgekochte Tatze eines Bären mit allen Krallen hervor.

„Wie kommt die denn hier her, Juri?" fragte ich ihn stirnrunzelnd. Er grinste und zuckte mit den Schultern: „Ach weißt du, der hier ist verunglückt." An Tagen, an denen wir uns 15 bis 20 km von unserer *Isbuschka* (Jagdhütte) entfernten, kehrten wir erst zwischen 18 und 19 Uhr zurück. Das ging nur in einem Gelände, das Juri bestens kannte und in dem ein nächtlicher Marsch möglich war. An solchen Tagen erbeuteten wir mit Juris Laika fünf bis zehn Eichhörnchen. Abends wurde dann ein warmes Essen gekocht – meistens Suppe oder Makkaroni mit dem Inhalt einer Fleischbüchse. Selbstverständlich durfte der Tee nicht fehlen. Die Reste der Abendmahlzeit gab es dann in der Regel am nächsten Morgen zum Frühstück. So manches Mal träumte ich von warmen Brötchen und heißem Kaffee. Tee war die einzige Flüssigkeit, die wir zu uns nahmen. Besonders wenn man abends nach kräftezehrenden Märschen durstig wieder in die Jagdhütte kam, hatte man Appetit auf Säfte, Selters oder Bier. Das Wasser war gefroren. Es musste Schnee aufgetaut werden, um Tee kochen zu können.

Nach einigen Tagen mit täglich gleichem Ablauf beschloss Juri, am folgenden Tag eine Exkursion zum *Baikal* zu unternehmen, um einen Förster zu besuchen. Dort wollten wir in einer direkt neben der Försterei stehenden Jagdhütte übernachten. Das interessierte mich sehr, da ich zu Hause viele Förstereien kannte. Nach Juris Angaben war es nicht sehr weit. Ich hegte leise Zweifel, denn warum mussten wir dort übernachten? Wir starteten um 10 Uhr zu dritt und marschierten mit Übernachtungsgepäck zügig voran. Unterwegs erlegten wir fünf Eichhörnchen, die der Hund am Rand unserer Marschroute verbellte.

Die letzten sieben Kilometer bestanden aus einem steilen Abstieg. Mir graute schon jetzt vor der Rückkehr in unser Jagdgebiet. Gegen 16 Uhr erreichten wir schließlich die Försterei. Die Jagdhütte lag direkt am *Baikal*, der zu dieser Jahreszeit dort noch nicht zugefroren ist. Die Försterei war ein ortsübliches größeres Holzhaus, in dem der

Die Jagdhütte am Baikal

Förster alleine lebte. Die Tür war verschlossen, der Förster nicht zu Hause. Juri überprüfte die neben der Försterei gelegene Waschküche. Sie war offen. Aus dem dort noch in Resten vorhandenem lauwarmem Wasser schloss er, dass der Förster gebadet hatte und in das nächste Dorf geritten war. Wir hatten Freitagabend. Er brauchte bis ins Dorf mit dem Pferd 1½ Tage, so dass er einmal in der Taiga übernachten musste. Sein Ziel war das am Samstagabend regelmäßige Treffen der Dorfbewohner zum Umtrunk. „Mit hoher Wahrscheinlichkeit ist er Montag wieder hier, aber solange können wir nicht warten", meinte Juri. Sein Streckenzähler zeigte uns 20 gelaufene Kilometer an.

Die Witterung am *Baikal* war wesentlich milder als in unserem Jagdgebiet. Mitte September war überschritten und ich fand am Ufer noch einige Exemplare blühenden Löwenzahns. Mich überraschten die Temperaturunterschiede auf so relativ engem Raum. Später hatten wir allerdings auch mitten in der Taiga innerhalb weniger Kilometer Temperaturdifferenzen von bis zu 20° Grad

Noch während wir beratschlagten, fiel ein Schoof von etwa 50 Bläßhühnern unweit des Ufers auf dem Wasser ein. Juri zischte mir zu: „Die sind sehr schmackhaft." Blitzschnell wurden Schrotpatronen aus dem Gepäck geholt. Unsere Waffen waren zwar geladen, aber mit

Flintenlaufgeschossen. Diese wechselten wir gegen 3-mm-Schrotpatronen aus. In der Zwischenzeit hatten die Blässen mit der Nahrungssuche begonnen. Dazu tauchten sie im geschlossenen Pulk einige Sekunden, um auf dem Boden des Sees zu gründeln. In dieser Zeit robbten wir vorwärts. Nach etwa sieben Minuten hatten wir die 50 Meter bis zum Ufer überwunden.

Juri flüsterte uns zu: „Geschossen wird auf mein Kommando. Bei ‚drei' wird abgedrückt." Die Entfernung zu den Bläßhühnern betrug nach meiner Einschätzung 60 bis 70 Meter und ich nahm mir vor, etwas verzögert nach seinen Schüssen abzudrücken, wenn die Vögel sich bereits in der Luft befinden. Jeder wurde zwei Schüsse los. Auf der Strecke lag natürlich keine der Rallen, da die Entfernung zu groß war. Dieses Phänomen, dass in Sibirien die Entfernungen zum Wild meistens unterschätzt werden, lernte ich später noch öfter kennen. Es mag auch daran liegen, dass man relativ selten Begegnungen mit Wild hat und dann jede auch noch so kleine Chance nutzen will. Ich war froh, dass wir nicht getroffen hatten, denn ich konnte mir schwer vorstellen, wie wir erlegte Vögel aus dem Wasser bekommen hätten. Das Boot des Försters lag angeschlossen an Land. Aber vielleicht hätte der Hund die Vögel aus dem Wasser gebracht.

Die Försterei am Baikal

Wir beschlossen, in der Waschküche zu übernachten, da sie nicht so ausgekühlt war. Der Förster hatte vor der Waschküche unter dem Dach ausreichend Holz gestapelt, mit dem wir den Raum auf erträgliche Temperaturen brachten. Neben dem Holz waren Schnüre mit getrockneten Pilzen aufgespannt. Ich nahm an, dass der Förster sie zur Geschmacksaufbesserung seiner Suppen benötigte. Juri klärte mich aber auf, dass getrocknete Pilze das beste Ködermittel für Eichhörnchenfallen seien, während für Zobel Haselhühner besser geeignet sind.

Die Waschküche war klein. Wir füllten den Raum zu dritt liegend fast vollständig aus. Die beiden Russen waren zudem passionierte Machorka-Raucher, die auch noch im Liegen rauchten und erzählten. Gegen 22 Uhr sank ich in einen sehr unruhigen Schlaf. Glücklicherweise fingen die Kollegen nach zwei Stunden an zu frieren, als das Feuer heruntergebrannt war. Sie mussten Holz holen und ließen dabei die Außentür auf, so dass frische Luft hereinkam.

Als ich im Frühjahr nochmals in dieser Försterei war, allerdings auf dem Wasserweg, traf ich den Förster an und unterhielt mich längere Zeit mit ihm. Er lebte dort völlig alleine und hatte noch keine Frau gefunden, die in diese Einsamkeit zieht. Waldarbeiter gab es nicht. Ich fragte ihn nach seinen Aufgaben, die im Brand-, Jagd- und Naturschutz bestanden. Während wir Tee tranken, kam ein reitender Bote, der einen Waldbrand meldete. Der Förster fragte ihn, wo das wäre. Daraufhin winkte er ab und verabschiedete den Boten. „Lass es brennen, es dauert zwei Tage, ehe ich am Brandherd bin. Dort habe ich keinerlei Hilfe. Ich habe schon genügend Brände gesehen. Die Natur muss sich alleine helfen. Ich registriere nur das Feuer", sagte er und zuckte mit den Schultern. Brände sind sicher das größte Waldschutzproblem in der Taiga.

Wenn man im Frühjahr über die Taiga fliegt, sieht man an vielen Stellen Rauch aufsteigen. Die Hauptursache dafür sind die Menschen, für die ein Aufenthalt in der Taiga immer mit Feuer verbunden ist. Alle Leute, die sich in der Taiga aufhalten, machen täglich zwei- bis dreimal Feuer, um Tee zu kochen oder um sich zu wärmen. Die Glut wird oft ungenügend gelöscht. Sobald Wind aufkommt, entsteht ein Waldbrand, der dann erst vom nächsten Feuchtgebiet gestoppt wird. Es gibt kaum eine Stelle in der Taiga, an der man nicht auf Brandspuren stößt. Man wandert oft tagelang durch abgebrannte Bestände. Die Bäume stehen als Totholz noch auf der Fläche. Dabei gewinnt man Landschaftseindrücke, die in Mitteleuropa völlig unbekannt sind. Jagdlich haben diese Flächen insofern eine hohe Bedeutung als sich auf ihnen gern Mäuse ansiedeln, die dem Zobel als Nahrung dienen. Besonders an den Randzonen zu noch lebenden Beständen der *Sibirischen Zirbelkiefer* lassen sich erfolgreich Pelztiere fan-

An vielen Stellen der Taiga stießen wir auf verbrannte Baumbestände

gen. In der gesamten Zeit meines Aufenthaltes in Sibirien habe ich nur einen Kiefernbestand gesehen, der durch den Kiefernspinner vernichtet war.

Am nächsten Morgen brachen wir nach dem Frühstück gegen 9:30 Uhr auf, um in unser Jagdgebiet zurückzukehren. Juri schlug ein höllisches Tempo an. Die sieben Kilometer Aufstieg brachten wir in 1½ Stunden hinter uns. Oben machten wir eine Pause und tranken Baikalwasser aus unseren Feldflaschen. Ich war klatschnass und dem Zusammenbruch nahe. Bezeichnenderweise lautete das Kommando für eine Pause immer *perekurim*, was so viel wie Raucherpause be-

DieLaika nimmt Witterung am erlegten Eichhörnchen

deutet. Wir hatten noch vier Stunden Fußmarsch durch die Taiga vor uns, erreichten jedoch erst um 17:30 Uhr die Jagdhütte, da unterwegs noch sieben Eichhörnchen erlegt wurden. Wir waren kaum zu Hause, als ein weiterer Jäger in die Jagdhütte ankam, ein Lehrer, der sich durch Pelztierfang noch etwas zusätzlich verdienen wollte. Ich erfuhr dabei, dass dies fast alle Wissenschaftler an der Jagdwirtschaftlichen Fakultät so handhaben. In der Pelztiersaison war kaum einer in seinem Büro in *Irkutsk*.

So wunderte ich mich nicht, dass am nächsten Morgen Anatoli eintraf, ein Eichhörnchenspezialist. Er war in der Nacht 20 km gelaufen. Abends um 23:30 Uhr stieß noch *Boris Wodopjanov*, ein Rentierspezialist, zu uns. Er hatte 50 km Fußmarsch mit einer Übernachtung hinter sich. Bis 2 Uhr morgens wurde erzählt und die neusten Nachrichten ausgetauscht, denn Information über irgendwelche Medien in der Taiga gab es nicht. Die Neuankömmlinge waren mit gewaltigen Vollbärten ausgestattet. Vor der Jagdhütte lagen jetzt sieben Jagdhunde. In der nächsten Nacht kam noch ein fremder Hund ohne Besitzer dazu.

Die Hunde machten nachts einen mörderischen Krach. Dazu wackelten die Wände der Hütte von den Schnarchtönen der Jäger. An Schlaf war für mich nicht zu denken. Ich war froh, als die Nacht vorbei war, zumal es auf der für drei Mann vorgesehenen Pritsche mit fünf Jägern sehr eng zuging. Zwei Jäger lagen auf dem Fußboden. Wenn sich ein Jäger auf der Pritsche im Schlaf drehte, mussten sich die anderen vier zwangsläufig mitdrehen. Die Laikas lagen nachts zusammengerollt im Schnee. Sie waren vorsichtshalber angebunden, was sie zeitweise mit wütendem Gebell quittierten. Sie waren unter-

Ein idealer Bestand für Zobel, Eichhörnchen & Co.

einander und auch zu den Jägern friedfertig. Das ist eine typische Eigenart der Ostsibirischen Laika. Das gemeinsame Leben auf engem Raum verbietet aggressive Hunde, die Artgenossen oder Menschen beißen.

Juri und ich blieben am nächsten Tag in und an der Hütte, während die anderen Jäger mit ihren Hunden zur Jagd ausrückten. Ich hackte Holz. Juri schmolz Blei und schnitzte mit dem Messer passende Flintenlaufgeschosse. Aus jedem erlegten Eichhörnchen holte er die Kugel heraus. Sie bildete den Grund-

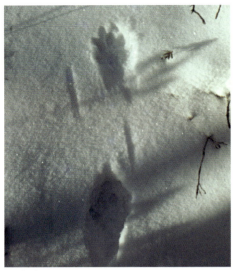
Zobelspur

stoff für neue Geschosse. Nachmittags setzte Schneefall ein. In der Dunkelheit kamen die anderen Jäger mit reicher Beute zurück. Jeder hatte zwischen 7 und 10 Eichhörnchen erlegt. Wir aßen die von mir und Juri vorbereitete Suppe. Ich schob mich um 19 Uhr auf der Pritsche ein, in der Hoffnung schon etwas zu schlafen, bevor die anderen sich hinlegten. Sie balgten bis Mitternacht Eichhörnchen, erzählten Witze, lachten laut und rauchten *Machorka*, so dass der Plan leider nicht aufging.

Am nächsten Morgen brachen wir schon um 7 Uhr auf. Es war ungewöhnlich früh, aber heute sollte es auf Zobel gehen. Um 9 Uhr entdecken wir die erste frische Spur, die wir kreuz und quer durch Windbrüche und Sümpfe ausliefen. Zwei zufällig vom Hund entdeckte Eichhörnchen wurden natürlich mitgenommen. Um 12:30 Uhr hatten wir ihn schließlich fest. Der Zobel saß unter einem Felsen. „Sehr schlecht", kommentierte Juri die Situation. Wir versuchten, den Zobel mit Feuer auszuräuchern. Er reagierte aber nicht. Daraufhin nahm Juri seine Axt und begann, eine Lärche zu fällen, um sie auf den Felsen zu werfen, unter dem der Marder sitzt. Es kam aber nicht dazu, denn plötzlich sprang der Zobel und wurde sofort von Juris Hund gegriffen.

Es handelte sich um eine wunderbar schwarz gefärbte Fähe des *Bargusinsker* Typs. Zobel variieren in ihrer Balgfärbung von hellbraun bis schwarz. Sie kommen gebietsweise in unterschiedlichen Farben vor. So spricht man bei den hellbraun gefärbten vom *Jenisseityp* und bei den schwarzen vom *Bargusinsker* Typ. Obwohl die Balg-

Juri mit dem vom Hund gegriffenen Zobel

qualität gleich ist, brachte ein *Jenissei*-Zobel nur 25 bis 30, dagegen ein *Bargusinsker* ungefähr 100 Rubel im Verkauf.

Nach diesem Jagderfolg machten wir natürlich eine Pause am Feuer mit Tee, Brot und Käse. Um 15 Uhr brachen wir wieder auf zu einem „sehr schönen Platz", wie Juri mir erklärte. Bei solchen Angaben war ich sehr skeptisch. Aber das half mir nicht, ich musste mit. Wir gingen und gingen und gingen. Schließlich kamen wir an den „sehr schönen Platz". Dort hatte Juri seine Hundeleine liegenlassen als wir die Försterei besuchten. Es war wirklich ein sehr schöner Platz, denn jetzt hatten wir wieder vier Stunden Rückmarsch vor uns. Es war wieder einmal typisch sibirisch. Wir marschieren im Eiltempo und erreichen die *Isbuschka* um 19:30 Uhr. Ich war völlig fertig. Die anderen Jäger hatten jeder zwischen 10 und 20 Eichhörnchen erlegt, so dass das Abbalgen bis nach Mitternacht dauerte. Ich war an diesem Tag rund 30 km gelaufen und hörte das Schnarchen meiner Mitbewohner in dieser Nacht nicht.

Nach zwei weiteren ähnlich ablaufenden Tagen war die Zeit für unsere Rückreise gekommen. Wir hatten einen Fußmarsch von 35 km durch die Taiga mit allem Gepäck vor uns. Dann stießen wir an einen Weg, auf dem wir Lkw oder Busse erwarteten. Um 15 Uhr erreichen wir diesen Punkt. Nach 15 Minuten Wartezeit kam tatsächlich ein Bus, der uns aber nur 5 km weit mitnahm, da er dann eine andere Route einschlug. Wir mussten wieder laufen. Gegen 18 Uhr sind wir wieder in unserem Ausgangsdorf und suchten unser altes Quartier auf. Die Wirtin bereitete uns eine Pfanne Bratkartoffeln mit Makkaroni – eine ungewohnte Kombination, aber eine willkommene Abwechslung nach den Suppentagen. Dann schoben wir uns ein. Von der Babuschka auf dem Ofen ist diesmal nichts zu sehen oder zu hören.

Mit dem Jagdinspektor in die Taiga

Nach jeder Dienstreise mussten in der Hochschule die notwendigen bürokratischen Formalitäten abgearbeitet werden, besonders um die begehrten Reisekosten zu erhalten. Selbst für Reisen in die Taiga war ein Dienstreiseauftrag notwendig. Aber das kannte ich ja aus der Heimat. Es gab allerdings gewisse Unterschiede. Während das Dienstreiseformular bei uns DIN-A6-Größe hatte, brauchte man in Sibirien ein DIN-A4-Format. Auf der Rückseite war Platz für ca. 30 Stempel. Später wusste ich, wofür dieser Platz vorgesehen war. Wenn man in einen größeren Ort kam, stand am Ortseingang ein Postenhäuschen. Hier wurde ein Stempel mit Datum und Uhrzeit der Ankunft auf das Formular gesetzt. Am Ende des Ortes musste der dort stehende Posten wiederum einen Stempel raufdrücken. Das gleiche Procedere fand auf jedem Flughafen oder Bahnhof statt – egal ob man ankam, abfuhr oder umstieg. Hier musste der Flughafenkommandant oder der Bahnhofsvorsteher abstempeln.

Das alles galt nicht nur für mich, sondern auch für die russischen Wissenschaftler. Ich bekam am Ende der Reise, nachdem ich etliche Unterschriften verschiedener Verwaltungsangestellter eingeholt hatte, ein Tagegeld von 50 Kopeken bis zu einem Rubel. Ich bin nie dahintergekommen, wie die unterschiedlichen Tagessätze zustandekamen. Ich erfuhr auch erst hier, dass ich von meinen 120 Rubeln Stipendium 11 Rubel Steuer abzuführen hatte.

Nach meiner Rückkehr von meinem ersten Taigaaufenthalt traf der Slowake *Imrich Totschka* ein, der ebenso begierig wie ich war, so bald wie möglich in die Taiga zu kommen. Nikolai Sergejewitsch versprach uns, dass er sich darum kümmern wolle (*budjet*). Bis es soweit war, machen wir uns mit der Stadt bekannt und stellten Patronen her.

Dann endlich kam die Mitteilung, dass der nächste Ausflug in die Wildnis anstünde. Die Abfahrt wurde aber aus uns nicht erklärlichen Gründen dreimal verschoben. Heute weiß ich, dass die noch fehlenden Genehmigungen von verschiedenen Dienststellen die Ursache waren.

Dann war es endlich soweit. Wir fuhren wieder bis zum Dorf *Golousnoje*, von dort aber 110 km weiter auf einer anderen Route nach *Molte*, dem jagdlichen Stützpunkt der Hochschule. Dort stand ein von Studenten gebautes größeres Holzhaus, dass „Interhotel" genannt wurde. Die Studenten hatten leider vergessen, einen Schornstein einzubauen, so dass die völlig unzureichende Heizung mit einem eisernen Kanonenofen betrieben wurde. Das Abzugrohr führte durch ein Fenster nach draußen. Am Abend wurde viel Wodka getrunken und reichlich gegessen. Ein Jägermeister und ein Jagdinspektor gesellten sich zu uns.

Im Haus gab es nur ein Eisengestellbett mit einer Sprungmatratze ohne jeden Bezug. Darauf quartierte ich mich im Schlafsack ein. Die anderen Kollegen schliefen auf dem Fußboden. Die Schnarcher waren leider vor mir eingeschlafen. Sie merkten nicht mehr, dass Dutzende von Mäusen auf der Suche nach Brotkrumen einmarschierten. Sie liefen mir über den Schlafsack, den Kopf und die Hände. Ich setzte meine Mütze auf und versuchte, den Kopf ganz in den Schlafsack zu stecken, machte aber kein Auge zu. Später wusste ich, dass Jagdhütten das winterliche Rückzugsgebiet für die in der Taiga lebenden Mäuse sind und habe mir dann auch nichts mehr aus ihnen gemacht. Es war aber gewöhnungsbedürftig.

Am Morgen brachen wir zeitig zur Jagd auf. Imrich pirschte mit dem Jagdinspektor, während ich mit dem Jägermeister der Fakultät Alexei loszog. Wir sahen wenige Tage alte Trittsiegel von Elch, Luchs und einem kapitalen Bär. Wild gab es hier also im Revier. Alexei prüfte das Alter der Fährten durch Hineinfassen mit der Hand. Für mich zunächst unverständlich. Aber dann erklärte er mir, dass beim Wechseln des Wildes kleine Schneeröllchen in die Fährte fallen, die mit zunehmender Zeit anfrieren. Um sichere Rückschlüsse ziehen zu können, brauchte man aber große Erfahrung. Ich habe später diese Art der Fährtenprüfung auch bei einigen anderen Berufsjägern gesehen. Alexei stellte fest, dass der Elch am Vortag gewechselt war, während der Bär vor 14 Tagen vorbeigezogen sei, wahrscheinlich kurz bevor er ins Winterlager gegangen ist. Elche gehörten in dieser gebirgigen Taiga eher zu den seltenen Wildarten.

Nach kurzer Zeit sahen wir auf etwa 300 Meter am Hang eine Ricke mit zwei Kitzen und einem Rehbock. Alexei führt einen Karabiner Kaliber 7,62 ohne Zielfernrohr, der wohl schon 20 bis 30 Jahre alt war. Das grobe Balkenkorn verdeckt auf diese Entfernung das Reh. Er riskierte einen Schuss, der jedoch verständlicherweise ohne Ergebnis blieb. Wir pirschten im tiefen Pulverschnee weiter und entdeckten auf

Alexei erkärt Imrich, wie alt die Fährte ist

weite Entfernung drei weitere Rehe. Alexei gab mir die Waffe und bedeutete mir, dass ich versuchen sollte, sie anzupirschen. Ich kam im dichten Unterholz zwar auf 150 Meter heran, aber dann hatten mich die Rehe mit und sprangen ab.

Diese relativ häufige Begegnung mit *Rehwild* zeigte mir, dass wir in einem gut beaufsichtigten Revier jagten. Andernorts konnte man vier Wochen durch die Taiga laufen, ohne auch nur eine Fährte zu finden. Sowohl das *Sibirische Rehwild* als auch das *Rotwild* finden sich im Winter in größeren Verbänden zusammen und wandern zum Teil auch über große Entfernungen von 100 km und mehr. Im Frühjahr kehren sie dann wieder in ihre Sommereinstände zurück. Sie suchen äsungsreiche, ruhige Orte auf, wo die Sonneneinstrahlung die Schneedecke stark verringert und es relativ warm ist.

Jetzt pirschten wir zügig steil bergauf, so dass mir der Schweiß am ganzen Körper herunterran und ich fix und fertig war. Oben angekommen, ging es in langsamerem Tempo voran, durchsetzt mit längeren Pausen. Nach einer weiteren Stunde entdeckten wir auf eine Entfernung von 500 Meter vier Stück Rotwild, zwei Hirsche und zwei Tiere. Wieder riskierte Alexei einen Schuss auf den stärksten Hirsch – mit dem gleichen Ergebnis wie zuvor. Er versicherte mir, dass er einen halben Meter drüber gehalten hatte! Der Hirsch zeichnete nicht, röhrte dafür aber fünf Minuten später. Besser gesagt er pfiff. Das Rufen von *Maral* oder *Isubra* besteht aus einem hohen, langgezogenen Pfeifton, ähnlich dem des nordamerikanischen *Wapiti*.

Wir pirschten weiter und überquerten die frischen Fährten von zwei Rottieren. Kurz darauf gingen sie flüchtig vor uns ab, ohne dass wir zu Schuss kamen. Um 14 Uhr meldete erneut ein Hirsch. Nach weiteren 20 Minuten beobachtete ich zwei Ricken und ein Bockkitz. Alexei drängte mich zu schießen. Die Entfernung betrug 300 m. Ich schoss zweimal, sah die Sinnlosigkeit meiner Bemühungen ein und gab die Waffe zurück.

Anschließend schickte Alexei 14 Kugeln auf die Reise, da ein Reh einfach stehenblieb. Da der Vorrat an Kugelpatronen damit verbraucht war, nahm er meine Flinte, die mit grobem Schrot (Posten) geladen war, und pirschte das Reh an. Auf 60 bis 70 Meter feuerte er nochmals vier Schüsse ab, die ebenfalls ohne Wirkung blieben. Der Versuch, noch näher heranzukommen, gelang nicht. Ich rätselte über das Verhalten des Rehs und kam zu dem Schluss, dass es die Schüsse als Naturereignis wahrgenommen und keinerlei Gefahr für sich abgeleitet hatte. Ich sammelte die Hülsen der Patronen ein, da sie wieder neu geladen werden mussten und zählte 21 Stück.

In alter Gewohnheit ging ich an die Stelle, an der die Rehe gestanden hatten, um den Anschuss zu untersuchen. Eine Kugel hatte bei einem Reh den Lauf gestreift. Es lagen wenige Tropfen Schweiß. Alle Kugelschüsse lagen sonst eindeutig über den Rehen. Offensichtlich hatte Alexei immer deutlich über die Rehe gehalten und gehofft, dass die abfallen-

Maralhaupt – Rest eines Wolfsrisses

Bevorzugter Wintereinstand für Maral und Sibirisches Rehwild. Die offenen Flächen bleiben dauerhaft baumfrei

de Flugbahn der Geschosse für einen Treffer sorgt. Auf dem Rückweg fiel mir auf, dass alle liegenden Kiefern vom Rotwild stark geschält waren. Es lag reichlich Windbruch und teilweise auch Windwurf in der Taiga. Um 18 Uhr trafen wir todmüde ohne Beute wieder im „Interhotel" ein. Imrich hatte nichts gesehen.

Am nächsten Tag zogen Imrich und der Jagdinspektor in das Rot- und Rehwildgebiet, während Alexei und ich es auf Haselhühner versuchen wollten. Alexei erlegt eins, ich hatte keine Chance. Trotzdem sahen wir auch viele Fährten von Elch, Luchs, Rot- und Rehwild. Wir kehrten mittags wieder zum Interhotel zurück, wo Imrich und der

Jagdinspektor bereits warteten. Imrich fehlte ein Rottier, das der Jagdinspektor auch noch zweimal verfehlte. Von den Schüssen hatten wir nichts gehört. Nachmittags marschierten die beiden einheimischen Jäger alleine los. Imrich ruhte sich aus, während ich ein anderes Rehwildgebiet aufsuchte, in dem ich aber nur ein Eichhörnchen erlegte. Abends kehrten auch die beiden Russen ergebnislos zurück.

Am darauffolgenden Morgen blieb Alexei zu Hause, da er eine Nachricht von einem Boten erwartete. Jagdinspektor Nikolai, Imrich und ich pirschten im Tal längs eines kleinen Wildbachs, der noch nicht völlig zugefroren war und uns durch seine gluckernden Geräusche leise vorankommen lässt. In einer Pause erfuhr ich von Nikolai, dass er und Alexei weit und breit die einzigen Jäger waren, die eine Kugelwaffe (Repetierer) führten. Im gesamten Bezirk *Irkutsk* gab es fünf Jagdinspektoren, die die Wilderei der Bevölkerung verhindern sollten – ein aussichtsloses Unterfangen. Trotzdem behauptete er, den einen oder anderen Wilderer gefasst zu haben.

Nach einiger Zeit entdeckte ich vor uns am Steilhang ein Rudel *Isubra* mit neun Tieren und einem geringen Hirsch. Der Jagdinspektor ließ uns zurück und versuchte näherzukommen, während wir das Rudel im Auge behielten. Plötzlich sicherte das Leittier nach unten und setzte sich langsam nach oben in Bewegung. Der Inspektor eröff-

Mit Laikas auf der frischen Fährte

nete das Feuer. Mit dem fünften Schuss brach der geringe Hirsch zusammen und purzelte die Klippen herunter. Er war im Rückgrat getroffen und musste noch einen Fangschuss erhalten.

Mit vereinten Kräften zogen wir ihn ins Flussbett herab. Nach einem Foto entstand hektische Betriebsamkeit. Als erstes wurde das Geweih einschließlich des Hauptes abgetrennt und in die Taiga geworfen. Dann schlugen wir den Hirsch aus der Decke und zerlegten ihn in seine wichtigsten Teile: Keulen, Blätter, Rücken und Rippen. Wir hatten Temperaturen von -20° Grad Mit einem gefrorenen Hirsch hätten wir nichts mehr anfangen können. Da der Jagdinspektor kein vernünftiges Jagdmesser hatte, stellte ich ihm meins zur Verfügung. Ich hatte vorher noch nie jemanden so rücksichtslos mit einem Messer umgehen sehen wie diesen Jagdinspektor. Nach der Arbeit war es eine Ruine mit abgebrochener Spitze und tiefen Scharten. Teilweise rutschte er damit auf die im Untergrund liegenden Steine ab.

Wir trugen die einzelnen Fleischstücke auf einen Haufen und deckten ihn mit einer dicken Schicht aus Ästen und Reisig ab. Das Gescheide und die Decke brachten wir zum Haupt in einiger Entfernung von den Wildbretteilen. Nikolai erklärte uns den Grund für diese Maßnahme. Kolkraben und Vielfraß würden sonst von dem Wildbret

Der Jagdinspektor mit dem erlegten Isubra

Der Hirsch wird schnell aus der Decke geschlagen (oben), der Rest wurde unter einem Reisighaufen vor Raubwild verborgen (unten)

Beschwerliches Bergen des Wildbrets

nichts mehr übriglassen. Es begann allmählich dämmerig zu werden und wir mussten auf dem schnellsten Weg zurück zum Interhotel. Nikolai nahm nur die Leber mit.

Alexei hatte uns eine Nachricht hinterlassen, dass er die Nacht außer Haus verbringt und erst gegen Mittag des nächsten Tages wieder zurück ist. Nikolai briet die Hirschleber zum Abendbrot. Ich hoffte, es bliebe die einzige Leber eines Brunfthirsches, an deren Verzehr ich mich beteiligen musste. Bei Hunger tritt der Geschmack in den Hintergrund. Nachts erwartete uns wieder ein Mäusekonzert. Aufgrund der Geräusche schätzte ich das „Mäuserudel" auf 20 bis 30 Stück. Eine Maus plumpste in einen leeren Wassereimer und verursachte weckerähnliche Geräusche, so dass Nikolai schließlich aufstand und sie hinauswarf. Es wurde hundekalt. Deshalb zog ich alle Sachen an, die ich mithatte. Morgens liefen wir einzeln in verschiedene Richtungen los, um Haselhühner zu schießen. Als einziger von uns dreien erlegte ich einen Haselhahn.

Um 11 Uhr trafen wir uns wieder in *Molte*. Alexei war in der Zwischenzeit wieder zurück. Zu viert brachen wir auf, um das Wildbret des gestern erlegten Hirsches zu bergen. Was ich für unvorstellbar gehalten hatte, war eingetreten: Am Aufbruch und am Haupt des Hirsches hockten etwa 20 Kolkraben und taten sich daran gütlich. Das Wildbret unter dem Reisighaufen hatten sie nicht entdeckt. Wir mussten den Weg zweimal machen, um alle Fleischteile nach *Molte* zu schaffen. Ich wusste bis zu diesem Zeitpunkt nicht, wie schwer eine Hirschkeule sein kann. Das zweite Mal waren wir nur zu dritt, da Nikolai in das nächste Dorf aufgebrochen war, um einen Traktor zu bestellen, der das Wildbrett noch abends holen sollte. Er befürchtete, dass die Mäuse an dem Fleisch zu viel Schaden anrichten.

Der Traktor traf gegen 19 Uhr ein, hatte zwei Flaschen Wodka an Bord und fuhr mit den in Säcken eingepackten Wildbretteilen davon. Nikolai hatte ihn genau informiert, wer das Wildbret erhalten sollte. Es sollte unter die Dorfbewohner verteilt werden. Der Wodka verhalf uns zu einem tiefen Schlaf, so dass wir von den grauen Flitzern wenig merkten. Nikolai hatte außerdem mit Essensresten von Brot bis Hirschleber in einer Ecke eine Mäusefütterung angelegt, mit der man über 100 Nager satt bekommen hätte. Er war der Meinung, wenn sie satt sind, schlafen sie auch.

Am nächsten Morgen brachen wir nach *Golousnoje* auf, das wir gegen Mittag erreichten. Hier wohnten ein Bruder und andere Verwandte von Alexei. Ich nutzte die Chance, um mich wieder einmal zu rasieren. Wir wurden herzlich begrüßt, aßen und tranken ausgiebig, um danach 27 km mit einem Seitenwagenmotorrad in das Heimatdorf von Alexei zu fahren. Das bedeutete bei -25° Grad nicht gerade das größte Vergnügen, aber die Wege gestatteten nur eine langsame Fahrt. Wir pausierten zweimal, um uns warm zu treten. Im Haus von Alexei wärmten wir uns mit heißen und kalten Getränken unterschiedlichster Art wieder auf. Nachts mussten Imrich und ich auf dem Fußboden gemeinsam unter einer normalen Decke schlafen! Wir froren jämmerlich. Jedes Mal, wenn sich einer umdrehte, hatte der andere keine Decke. Mehr als eine Stunde habe ich bestimmt nicht geschlafen. Imrich behauptete, es sei noch weniger gewesen. Nach gut drei Stunden Busfahrt trafen wir am folgenden Tag wieder in *Irkutsk* ein.

Zum Gedenken an die Revolution

Anfang November richtete sich in *Irkutsk* alle Aufmerksamkeit auf die Vorbereitung zu den Feierlichkeiten anlässlich des Jahrestages der Revolution am 7. November. Ich bummelte meistens nachmittags durch die Stadt und hatte den Eindruck, dass das Warenangebot jetzt etwas umfangreicher wurde. Am 6. November besuchte ich eine Festveranstaltung, bei der im Anschluss ein Theaterstück mit dem Titel „Ein Zug kommt" gespielt wurde. Der Hauptdarsteller brach mit der Kulisse zusammen und erntete tosenden Beifall. Am 7. November erhielt ich einen Ehrenplatz auf einer der Tribünen, an denen der Demonstrationszug vorbeizog. Ich studierte dabei die unterschiedlichsten Pelzkopfbedeckungen der Parade. Bei der Mehrzahl der Männer und Frauen überwogen *Ondatra*-Kappen (Bisam), die nach Aussagen der Berufsjäger den besten Kälteschutz bietet. Viele Leute waren in der Stadt unterwegs, jeder zweite davon unter Alkoholeinwirkung.

In diesen Tagen besuchte ich *Timofejeff*. Bei ihm lernte ich auch Personen kennen, die mit dem damaligen Regime in *Moskau* nicht sympathisierten. Unter der Intelligenz kursierten maschinen- und handgeschriebene, stark beschädigte Manuskripte von unerwünschten Schriftstellern, die man mir zum Lesen anbot. Die Abfassungen waren aber für mich schwer leserlich, so dass ich darauf verzichtete. Unter den Gästen befanden sich auch Vertreter der Jagdpresse oder von Zeitungen, die kleine Artikel über bestimmte Probleme der Jagd und des öffentlichen Lebens in der DDR haben wollten. Bei einigen jagdlichen Berichten half mir mein Freund Lonja, diese in einen lesbaren russischen Stil zu bringen.

Im Wohnheim wurden nun alle Vorkehrungen für den eigentlichen Winter getroffen. Ein Wanzenbekämpfungsteam sanierte unseren Wohnblock. In zweitägiger Arbeit klebten wir unsere Fenster mit Zeitungspapier und Mehlkleister zu. Nur das *Fortitschka*, ein kleines quadratisches Fenster am Oberrand der eigentlichen Fenster, blieb unverklebt, damit man gelegentlich noch frische Luft in den Raum lassen konnte.

Gesellschaftsjagd

An einem Wochenende fuhren Lonja, Imrich und ich mit einem Bekannten in dessen Geländewagen zu einer Treibjagd, die in der Nähe eines Dorfes etwa 100 km entfernt stattfand. Ich war sehr gespannt, wie eine Treibjagd in der Taiga abläuft. In der Waschküche eines burjatischen Jägers sammelten sich im Verlauf des Nachmittags 13 Jäger aus allen Himmelsrichtungen. Es wurde ein gemeinsames Abendbrot bereitet, zu dem jeder das auf den Tisch legt, was er mitgebracht hatte. Heißes Teewasser lieferte der Wirt. Wir sollten in der Wohnstube des *Burjaten* übernachten.

Gegen Mitternacht richteten wir unser Nachtlager auf dem Fußboden dieses Raumes. Jeder hatte etwa einen Meter Stubenbreite für sich. Das reichte für meinen Schlafsack. Etliche Jäger hatten nichts weiter mit. Sie packten sich in voller Jagdausrüstung auf den Holzfußboden. Außer den Jägern übernachtete auch die Familie des *Burjaten* im gleichen Raum. Es wurde wieder eine dieser fürchterlichen Nächte, in denen man kein Auge zumacht. Schnarchen, Rülpsen, Pupen mischten sich mit dem Geschrei eines Kleinkindes, das scheinbar krank war und anhaltend weinte. Dazu gesellten sich die Wohlgerüche Sibiriens.

Um kurz nach 6 Uhr war die Nacht endlich zu Ende. Wir standen auf, tranken Tee und aßen etwas Brot und Butter. Dann warteten wir noch eine Stunde. Auf wen oder was war nicht zu erfahren. Um 9 Uhr ging es endlich los. Wir waren jetzt 14 Jäger und wurden mit einem kleinen Lkw transportiert. Die Landschaft wechselte und sah nicht mehr nach Taiga aus. Zwischen langgestreckten sanften Hügeln, die mit Kiefern bewaldet waren und teilweise dichtes Unterholz hatten, zogen sich liebliche Täler hin, die mit landwirtschaftlichen Kulturen bestellt waren – vom Biotop her gute Rehwildreviere.

Wir erhielten eine kurze Einweisung und Sicherheitsbelehrung. Es waren frei: Rehwild beider Geschlechter, Birk- und Auerwild und Fuchs. Die Höhenzüge sollten als Vorstehtreiben abgelaufen werden. Die Hälfte der Jäger trieb, die andere stand vor. Im nächsten Treiben wurde gewechselt. Jeder Jäger führte eine Doppelflinte. Bei solchen Jagden durfte aus Sicherheitsgründen grundsätzlich nur mit Schrot und nicht mit dem Flintenlaufgeschoss gefeuert werden.

Im zweiten Abschnitt war ich Treiber. Vor mir sprangen ein Bock und eine Ricke ab, die ich durch Unaufmerksamkeit verpasste. Im dritten Treiben kamen zwei Rehe vor. Ich beobachtete einen Flug Birkwild, auf den ich aber nicht zu Schuss kam. Im vierten Treiben verpasste ich eine Auerhenne. Im fünften Treiben befanden sich drei Rehe, von denen ein weibliches Stück erlegt wurde. Das Lebendgewicht betrug rund 30 kg. Etwa um 15 Uhr war ich wieder als Treiber unterwegs. Gegen Ende des Treibens rief mein linker Nachbar aufgeregt. Ich sah eine Ricke und einen Bock mit Gehörn auf mich zukommen. Auf 25 bis 30 Meter erhielt der Bock von mir einen Postenschuss, und als er an mir vorbeiflüchtete einen weiteren Schrotschuss. Beide Rehe gingen hochflüchtig weiter. Kurz darauf fiel wiederum ein Schuss, und der Bock brach zusammen.

An meinen Anschüssen lag viel Schweiß. Da das Treiben zu Ende war, nahm ich die Schweißfährte auf und verfolgte sie. Der Schweiß lag wie aus Gießkannen gegossen. Ein Jäger aus *Irkutsk* hatte den dritten Schuss abgegeben und den Bock in seinen Besitz genommen. Jetzt begann eine kleine Debatte darüber, wem das Stück gehört. In Sibirien zählt der letzte Schuss, in Deutschland der Schuss, mit dessen Treffern das Stück mit einem guten Hund zur Strecke gebracht werden kann. Es war das einzige Mal in meinem Leben, dass ich um ein Stück Wild kämpfte, da ich das Gehörn gern zur Erinnerung behalten wollte. Da der *Irkutsker* Jäger keinerlei Wert auf die Trophäe legt, stimmte er meiner Version schließlich zu, und ich brach den Bock auf. Ich schätzte seine Lebendmasse auf 35 kg.

Als ich mir die Trophäe betrachten wollte und das Haupt aus dem tiefen Pulverschnee hob, stellte ich mit Bestürzung fest, dass der Bock in der Todesflucht beide Gehörnstangen abgeworfen hatte. Es ist normal, dass Rehböcke ihr Gehörn im November abwerfen. Offensichtlich hatten die Stangen schon locker auf dem Schädel gesessen. Ein allgemeines Gelächter unter den Jägern erstickte, als ich für jede gefundene Gehörnstange eine Flasche Wodka bot. Sofort setzten sich vier Jäger auf der Fluchtfährte des Bockes in Bewegung, um die Stangen im kniehohen Pulverschnee zu suchen. Ich hielt es für ein aussichtsloses Unterfangen, aber nach zehn Minuten kamen sie freudig winkend zurück und präsentierten stolz beide Stangen. Jetzt war das Lachen bei mir. Die zwei Flaschen Wodka hatte ich schon als Reserve im Rucksack.

Im letzten Treiben dieses Tages fielen noch ein Kitz, das die Größe erwachsener europäischer Stücke hatte, und eine Ricke, die rund 30 kg wog. Nach der Jagd wurde Strecke gelegt, und die Schützen wurden geehrt. Dazu erhielten sie keinen Bruch, wie in Deutschland üblich, sondern wurden vom Jagdleiter auf der Stirn mit dem Blut ihres erlegten Stückes bestrichen. Dann ging es an die Aufteilung der Beute. Ich sprach mich mit Imrich ab. Wir wollten zusammen eine Keule beanspruchen. Als ich das Lonja mitteilte, lachte er nur und sagte: „Macht euch bitte keine Sorgen, ihr werdet schon sehen."

Dann begann das Unglaubliche. In Windeseile wurden die drei Rehe aus der Decke geschlagen und dann das gesamte Wildbret in kleine etwa 5 cm große Würfel zerschnitten und zerhackt. Dann wurde alles in 14 Haufen aufgeteilt und nummeriert. Anschließend zog jeder Jäger eine Nummer aus dem Hut des Jagdleiters und durfte sich den entsprechenden Wildbrethaufen aneignen. Jeder packte seinen Anteil in einen Beutel, und dann ging es zurück zum Haus des *Burjaten*. Dort vollzog sich fast die gleiche Zeremonie wie am Vortag, nur dass mehr Wodka floss. Erst jetzt belohnte ich die Finder der Gehörnstangen mit den beiden Flaschen Wodka. Während der Jagd dufte kein Alkohol getrunken werden. Wer dabei erwischt wurde oder sich durch Geruch oder Verhalten verriet, wurde sofort von der Jagd ausgeschlossen. Auch andere Jäger hatten noch diverse selbst gebrannte Obstler mit. Vor Mitternacht kamen wir nicht zu Nachtruhe, obwohl alle hundemüde waren. Das ganztägige Laufen im tiefen Pulverschnee hatte uns geschafft. In dieser Nacht hörte ich kein Schnarchen und kein Kindergejammer. Trotzdem war pünktlich um 8 Uhr wieder Aufbruch zur Jagd. Diesmal befand sich unter den Jägern ein zwölfjähriger Junge mit einer Einlaufflinte. Er trat sehr selbstbewusst auf, als wäre er bereits mit der Waffe geboren worden. Im zweiten Treiben wurde eine Ricke gestreckt, die schwächer war als die gestern erlegten.

Im dritten Treiben stand ich in der Schützenfront an einer Talseite. Vor mir erstreckte sich ein mit Felsen durchsetztes enges Tal. Den dort verlaufenden Bach konnte man weder sehen noch hören, da er zugefroren und mit Schnee bedeckt war. Bis zur gegenüberliegenden Talseite waren es etwa 150 m. Plötzlich sah ich einen Fuchs durch das Tal auf mich zukommen. Ich beschoss ihn auf 35 Schritt zweimal mit Posten, doch er flüchtete weiter. Nur wenige Schweißspritzer zeigten, dass er etwas abbekommen hatte. Die spätere Nachsuche blieb ergebnislos. Zehn Minuten später folgt der zweite Fuchs auf dem gleichen Pass. Auch ihn nahm ich zwei Mal mit Posten und einmal mit Schrot unter Feuer, ehe er endgültig lag.

Der Fuchs war deutlich größer und schwerer als unsere mitteleuropäischen Roten. Er hatte einen herrlichen Balg mit langem Haar und dichter Unterwolle. Ich ließ ihn mir später vom *Irkutsker* Präparator zurichten und hängte ihn dann an meinen Wäscheschrank, um mich täglich an seinem Anblick zu erfreuen. Der Balg war so lang, dass er von der Schrankoberkante bis auf den Fußboden reichte. Die Luntenspitze stieß bereits auf den Fußboden. Es sprach sich sehr schnell herum, dass ich so ein Prachtexemplar von Fuchsbalg in meinem Besitz hatte und ich wurde von verschiedenen Seiten gedrängt, ihn zu verkaufen. Das wollte ich auf keinen Fall. Als man mir eines Tages zu verstehen gab, dass Pelzwaren nicht ins Ausland gebracht werden dürfen, wurde ich weich und verkaufte ihn einer *Burjatin,* die ihn ihrer Schwester zur Hochzeit schenken wollte, für 30 Rubel.

Zurück zur Jagd. Ich hatte offensichtlich einen Fuchsstand, denn ich sah noch einen dritten Vertreter der Sippe, der sich aber sehr geschickt im Gelände verdrückte, ohne dass ich zu Schuss kam. Im vorletzten Treiben kamen mir Ricke und Kitz auf 50 m. Sie verhofften hinter Bäumen, so dass ich im Anschlag abwarte. Plötzlich machte mein Nachbar, für den die Rehe 100 m weit weg waren, Dampf und die Rehe sprangen ab. Ich wurde noch einen Postenschuss los, der jedoch sein Ziel verfehlte. Die beiden Rehe wurden jedoch noch von anderen Jägern erlegt. Am Ende des Jagdtages lagen vier Rehe, so dass die Gesamtstrecke mit 14 Jägern an zwei Tagen sieben Rehe, ein Fuchs und ein Haselhuhn betrug. Für dortige Verhältnisse ein sehr gutes Ergebnis. Auch an diesem Tag erfolgt das gleiche Ritual der Jägerehrung und Wildbretaufteilung. Aus dem zerhackten Wildbret wurde dort nur Wildsuppe gekocht. Von anderen Zubereitungsmöglichkeiten wissen die meisten sibirischen Jäger nichts.

Am Abend fahren wir nach *Irkutsk* zurück und liegen schließlich mit müden Knochen kurz nach Mitternacht im Bett. Ich hatte mir von den sieben erlegten Rehen die Häupter erbeten. Ich wollte sie in den nächsten Tagen präparieren und vermessen, da es relativ wenig Schädeldaten von *Sibirischen Rehen* gab. Deshalb beabsichtigte ich, mit *Mark Smirnow* eine gemeinsame Arbeit über die Körpergröße des Europäischen und Sibirischen Rehwildes anzufertigen.

Der Baikal, „die Perle Ostsibiriens"

Nikolai Sergejewitsch Swiridow war bestrebt, unser ansonsten recht eintöniges Leben in *Irkutsk* abwechslungsreich zu gestalten. Wir besuchten verschiedene Institute, die nicht alle für mich interessant waren, da ich z.B. von russischer Ökonomie wenig verstand. Dagegen beanspruchte das Limnologische Institut in *Listwianka* unsere volle

Morgenstimmung am Baikal

Steilufer (oben) und ein Dorf am Ufer des Baikal

Fischerkahn am Baikal (oben). Raketenboote zeigen Touristen die Schönheiten des größten Binnensees der Erde (unten)

Im Winter ist der zugefrorene See ein beliebter Transportweg für Fahrzeuge aller Art

Aufmerksamkeit. Wir erfuhren dort viele Einzelheiten über den *Baikal*. „Wer den Baikal nicht gesehen hat, ist nicht in Sibirien gewesen", sagt ein altes Sprichwort.

Dieser See ist 20 Millionen Jahre alt, seine größte Tiefe beträgt 1.620 m, der Umfang 2.000 km. Er ist 635 km lang und an der größten Stelle 80 km breit. 22 Inseln befinden sich in dem 31.500 km² großen See, das heißt, er ist so groß wie die Schweiz und Belgien zusammen. 336 Wasserläufe münden in den *Baikal,* und nur einer, die *Angara*, verlässt ihn. An der *Angara* hat man drei große Kraftwerke Sibiriens gebaut: in *Irkutsk*, *Bratsk* und *Ust Ilim*. 1.800 Tier- und Pflanzenarten leben in ihm, von denen ¾ endemisch sind. Dazu zählen z. B. die etwa 33.000 *Baikalrobben*, von denen jährlich offiziell 1.500 Stück in der Zeit zwischen 25. April und 25. Mai erlegt werden. Inoffiziell sollen es sogar 2.500 sein. Der Jahresendbestand macht 26.000 Stück aus, aus denen im nächsten Jahr wieder ein Nachwuchs von rund 6.800 Stück entsteht. Die Robben verzehren jährlich zwischen 32.000 und 42.000 Tonnen Fisch. Mitte Mai bis Mitte Juni wird der Zuwachs ermittelt, indem die Lager der werfenden Weibchen gezählt werden. Der bekannteste endemische Fisch ist der *Omul*, dessen Bestand durch eine tschechische Fischfangflotte bis auf wenige

Kahlschläge an den Hängen des Baikal führen zu erhöhter Erosion. Wege werden zu reißenden Bächen

Reste reduziert wurde und danach in mühevoller Arbeit wieder aufgebaut werden musste.

Am Rand des *Baikal* lagen auch einige Pelztierfarmen, in denen die Pelztierarten *Blaufuchs, nordamerikanischer Silberfuchs* und *nordamerikanischer Nerz* gehalten wurden. Die Bälge wurden an die zentrale Pelztierbasis in *Irkutsk* abgeliefert. Die Ernährung der Pelzzuchtfarmen wurde mit Fischen aus dem *Baikal* und speziellen Futterpellets abgesichert. Der *Baikal* enthält 20 Prozent des Süßwassers der Erde.

Tschechow schrieb, als er über den *Baikal* nach *Sachalin* fuhr: „Die Sibirier nennen ihn nicht See, sondern Meer." Er ist umgeben von einer Hochgebirgslandschaft. Viele Lieder, Sagen und Legenden ranken sich um ihn und sein klares reines Wasser. Das Angebot Japans, eine Wasserpipeline zu bauen, um im eigenen Land gutes Wasser zu haben, wurde von den Russen abgelehnt. Der *Baikal* friert von Norden nach Süden zu, etwa in der Zeit von September bis November. Das Auftauen geht langsamer vor sich. Der Nordteil ist erst im Juni wieder eisfrei. Im Winter verlaufen alle Transportwege von West nach Ost oder Nord nach Süd und umgekehrt auf dem Eis. Selbst schwere Laster fahren dort entlang. Meine Frage an die einheimischen Jäger, wie man merkt, dass das Eis nicht mehr trägt, wurde immer mit dem selben Satz beantwortet: „Bis der erste durchgebrochen und untergegangen ist."

Bei Bären-, Rentier- und Zobeljägern

Am 23. November erfuhren wir, dass wir nachmittags für 10 bis 14 Tage nach *Taischet* fahren sollen, um dort mit Berufszobeljägern zusammenzukommen. Das war wieder Sibirien. Für bestimmte Reisen brauchte man Wochen zur Vorbereitung, für andere musste man sich innerhalb weniger Stunden rüsten. Nach *Taischet* kamen wir nur mit der Eisenbahn. Lonja besorgte uns Fahrkarten. Er fuhr mit uns. Leise flüsterte er mir zu, dass er von Nikolai Sergejewitsch ein neues Repetiergewehr vom Typ „Bär", ein Halbautomat, und 30 Kugelpatronen erhalten hatte. Damit sollten wir auf Rentiere jagen. Die Abfahrzeit unseres Zuges lautete 19:30, Bahnhof *Irkutsk*. Er war wie immer superpünktlich, obwohl er schon 1.000 km hinter sich hatte. Letzteres weiß ich auch heute noch zu schätzen, wenn ich an die „Pünktlichkeit" der Bundesbahn denke.

Die Nacht im Zug verlief wie üblich schlecht. Familien mit Kindern in der Nachbarschaft ließen uns kaum in den Schlaf kommen. Um 12 Uhr des nächsten Tages trafen wir schließlich in *Taischet* ein. Dort wurden wir vom Direktor des Jagdwirtschaftsbetriebes und zwei seiner Mitarbeiter in Empfang genommen. Diese Jagdwirtschaft umfasste eine Fläche von 5.000 km^2. Wir wurden in einem „Hotel" in ein Fünfbettzimmer einquartiert. Da wir zu dritt waren, kamen später noch zwei Fremde hinzu. Wir besichtigten die Wirtschaftsgebäude der Jagdwirtschaft, die einen sehr sauberen Eindruck machten.

Abends wurden wir vom Direktor zum Abendbrot eingeladen. Das Menü bestand aus *Pelmeni*. Das sind spezielle Teigtaschen, eine russische Spezialität, die entweder in einer klaren Fleischbrühe oder mit

Verwaltungsgebäude der Jagdwirtschaft in Taischet

Smetana serviert werden. Dazu gab es Kraut, Kartoffelbrei, Würstchen, saure Tomaten und Gurken. An Getränken wurden Tee und Wodka gereicht. Nach schlechter Nacht zu fünft im überheizten Zimmer standen wir um 8 Uhr auf und gingen zum Frühstück in die *Stolowaja*. Danach wurden wir abgeholt und fuhren in die Jagdwirtschaft. Imrich sollte in den südlichen, Lonja und ich in den nördlichen Teil der Jagdwirtschaft reisen. Es war jedoch kein Flugwetter. Wir saßen herum: *Budjet*! Es blieb kalt und windig. Deshalb gingen wir nachmittags wieder in die *Stolowaja*.

Am Nachbartisch fiel ein Betrunkener vom Stuhl und rollte mir zwischen die Beine, Gläser zersprangen. Aber seine Frau behielt die Nerven und setzte ihn wieder an den Tisch. Er murmelte nur: „Entschuldigt Kinder". Bei -25 Grad gingen wir ins Hotel und machten ein Schläfchen. Es war kein Vertreter der Jagdwirtschaft zu sehen. Nach einem kleinen Stadtbummel und dem Abendbrot in der *Stolowaja* kehrten wir wieder ins Hotel zurück und machten Schlafversuche. Zu viert hatten wir diesmal eine leidliche Nacht.

Am nächsten Morgen hatten wir bereits -30 Grad Am Vormittag spulten wir das gleiche Programm ab. Es wechselte zwischen Stadtbummel, *Stolowaja* und Hotel. Nachmittags kam der Direktor und teilte uns mit, dass wir in 30 Minuten mit dem Zug nach Süden in

Richtung *Irkutsk* fahren. Wir bezahlten das Hotel und hasteten zum Bahnhof. Dort wartete schon der Abteilungsleiter Jagd auf uns. Wir fuhren um 14 Uhr ab und waren um 17 Uhr in *Uck*. Von hier aus waren es noch 100 km bis zum Ziel.

Wir benötigten zwei Geländewagen, hatten aber zunächst nur einen. Der zweite Wagen kam nicht. Wir mussten wieder einmal improvisieren und fuhren zu Verwandten des Abteilungsleiters, die in Uck wohnten. Wir kamen ohne jede Ankündigung, wurden aber sehr freundlich begrüßt. In kurzer Zeit wurde ein schmackhaftes Abendbrot aufgetischt: Suppe, Bratkartoffeln, Gurken, Tomaten, Speck, Brot und Krautrouladen. Statt Wodka gab es diesmal selbstgemachten Wein aus wilden Johannisbeeren, den ich mit Vorsicht trank. Imrich war weniger zurückhaltend. Das rächte sich für ihn, aber auch für mich, da wir die Nacht zu zweit in einem Bett verbrachten. Imrich wälzte sich vor Kopfschmerzen hin und her und gönnte mir kaum Schlaf.

Wir standen um 8 Uhr auf, frühstückten und verbummelten den Vormittag mit Warten. Um 12 Uhr ging es endlich mit dem Auto zu einer Basis des Jagdwirtschaftsbetriebes, die wir in Deutschland vielleicht als Forstamt bezeichnen würden. Die 100 Kilometer überwanden wir auf schlechtesten Wegen und waren um 17 Uhr am Ziel. Dort herrschten bereits -35 Grad und für den nächsten Tag waren -45 Grad angekündigt. Wir trafen den Leiter der Basis und einen seiner besten Berufsjäger, *Igor Nikolajewitsch Iljin*.

Jetzt mussten wir noch zum Wohnort des Leiters fahren. Dazu benutzten wir einen kleinen geländegängigen Lkw. Imrich und ich durften in die Kabine einsteigen. Die anderen mussten auf die offene, mit Stroh gepolsterte Ladepritsche. Die Gegend ist leicht gebirgig und wird mit *Presajan* bezeichnet. Die größte Höhe soll 1.200 Meter betragen. Wir fuhren auf Holzabfuhrwegen, die selbst von von Geländewagen nicht mehr bewältigt werden können: über ein Meter tiefer Schnee, tiefe morastige Löcher, in denen es trotz der eisigen Temperaturen schmierig war.

Plötzlich steckten wir fest und kamen weder vorwärts noch rückwärts weiter. Der Abteilungsleiter befahl uns sitzen zu bleiben, da es in der Kabine warm war. Er selbst stieg aus und veranstaltete ein zehnminütiges Palaver mit unseren Mitfahrern. Wir hörten nur die Stimmen, da es schon mehrere Stunden stockdunkel war. Plötzlich tauchte von vorn ein schweres beladenes Holzabfuhrfahrzeug auf, das der Jagdwirtschaft gehörte. Innerhalb von fünf Minuten hatte es unser Fahrzeug herausgezogen, so dass wir unsere Fahrt fortsetzen können. „Es kommt selten vor, dass dies so gut klappt" lachte der Abteilungsleiter. Um 20 Uhr erreichten wir in einer kleinen Waldsiedlung sein Haus. Wir stürzten uns auf das Abendbrot mit sauren Gurken, Tomaten, Pilzen, Bratkartoffeln, Brot, rohem gesalzenem Fisch und Räucherfisch. Es gab Tee und ein volles Wasserglas Wodka. Ich verbrachte eine leidliche Nacht auf einem Campingbett.

Morgens war es bei -40 Grad leicht neblig. Unser Frühstück entsprach in seiner Zusammensetzung dem Abendbrot einschließlich des Glases Wodka. „Das ist sehr wichtig", erklärte uns der Abteilungsleiter. Bei -50 Grad könne es sonst zu Frostschäden an den Augen kommen. Ich zeigte ihm das Thermometer, aber er winkte ab. In der Taiga würde es Stellen geben, da könnten die Temperaturen -60 Grad erreichen. Wir wussten nicht, wie ernst wir seine Worte nehmen sollten, tranken aber tapfer die 200 g Wodka.

Nach dem Frühstück erschien *Michail Alexeijewitsch Klokow*, ein Hüne von Berufsjäger, der offensichtlich die dreifache Menge Wodka getrunken hatte. „Der hat 20 Bären erlegt, davon einen mit dem Messer", erzählte Igor Nikolajewitsch. Auf mein skeptisches Gesicht gab er folgende Geschichte zum Bersten: Michail Alexeijewitsch befand sich mit seinen Laikas auf der Zobeljagd, als diese das Winterlager eines Bären fanden und es verbellten. Er hatte nur die kleine Büchsflinte *Bjelka* bei sich, da er Zobel jagen wollte. Er setzte auf seine beiden Hunde, lud ein Flintenlaufgeschoss Kaliber 32 und eine Kleinkaliberkugel 5,6 mm und hetzte die Hunde an. Der Bär ließ nicht lange auf sich warten und erhielt, als er herauskam, das Flintenlaufge-

Das ist für die Nacht besser als nichts

Igor (links) mit zwei weiteren Jägern

schoss und die Kleinkaliberkugel auf den Schädel. Beide Schüsse hatten jedoch keine tödliche Wirkung.

Der Bär nahm ihn sofort an, schlug ihm das Gewehr aus der Hand und riss ihn zu Boden. Glücklicherweise bissen die Hunde den Bären von hinten in die Keulen, so dass er einen Moment von Michail abließ und mit den Tatzen nach den Hunden schlug. Diese Zeit reichte ihm, um sein Messer zu ziehen und es dem Bären zwischen die Rippen zu stechen. Der Bär zerfetzte Michail im Todeskampf die Kleidung und zerfleischte ihm mit seinen Tatzen den Rücken.

„Michail! Zieh doch bitte einmal kurz Dein Hemd aus, sonst glauben die mir nicht." Sein Rücken war völlig zernarbt und blau. Er hatte es geschafft, mit diesen schweren Verletzungen zurück zur Jagdhütte zu kommen und sich dort getrocknete Heilkräuter auf den Rücken gelegt. So hatte er 14 Tage in der Jagdhütte gelegen, bis ihn ein anderer Jäger fand. „Wir hätten das nie überlebt", meinte Igor.

„Im Übrigen kommt die blaue Farbe seines Körpers nicht von dem Bärenangriff. Michail hatte einmal eine Flasche Wodka in der Taiga mit, trank diese in einem Zug aus und blieb bei -30 Grad im Schnee liegen. Wahrscheinlich haben sich seine Hunde neben ihn gelegt und ihn damit vor dem Erfrieren gerettet. Schwere Frostschäden waren aber unvermeidbar. Auch das hätten wir nicht überlebt", schmunzelte Igor und verabschiedete den Taigajäger, da er wohl merkte, dass dieser nicht ganz handlungsfähig war.

Igor Nikolajewitsch war 66 Jahre alt, hatte 56 Bären erlegt und fing durchschnittlich pro Jahr über 100 Zobel. Wir zogen uns sehr warm an, schlüpften in die aus einem Stück gepressten Filzstiefel (*Walenki*) und marschierten auf dem zugefrorenen *Birussa* 6 km flussabwärts. Teilweise war der Fluss noch offen. An einer solchen Stelle beobachtete ich etwa 20 Wasseramseln, die dort offensichtlich auf Nahrungssuche waren. Schließlich erreichten wir die Jagdhütte von Michail Alexejewitsch Klokow. Der Hausherr war schon da. „Ist der geflogen?", frage ich Igor. Der lachte nur. „Michail macht sehr große Schritte, besonders, wenn er Wodka getrunken hat."

Michail zeigte uns einen aus Birkenrinde gefertigten Hirschruf und einige Haselhuhnpfeifchen. Wir gingen gemeinsam einige Kilometer weiter bis zu einer Bärenhöhle, die sich unter einer Lärche befand. Den Bären hatte Michail in diesem Herbst erlegt, kurz nachdem der Petz ins Winterlager gegangen war. Mit seinem Fleisch wollte er den Winter überstehen. Er hatte es in die *Birussa* gehängt und einfrieren lassen. Michail zeigte uns noch einen seiner Fallenstege, auf dem er Eichhörnchen und Zobel fing. Zurück wanderten wir durch ausgedehnte Zirbelkiefernbestände. Imrich war fußlahm und kam kaum noch mit. Das Laufen in den neuen *Walenki* fiel Lonja und auch mir

Die Jagdhütte von Igor Igoritsch

Igors „Speisekammer" auf Stelzen

sehr schwer. Die Fußsohlen waren noch rund, so dass man wie in kleinen Booten lief. Jeder Orthopäde hätte die Hände über dem Kopf zusammengeschlagen. An diesem Tag legten wir mit derartigem Schuhwerk 20 km in der Taiga zurück.

Abends lernten wir noch den Sohn von Igor kennen, der auch Berufsjäger war und bereits 78 Bären erlegt hatte, aber, wie uns sein Vater kummervoll mitteilte, dem Alkohol verfallen war. Am nächsten Tag fuhren wir wiederum bei -40 Grad mit dem Pferdeschlitten in die Taiga durch herrliche Lärchen-Zirbelkieferbestände zu Konstatin Nikolajewitsch, einem Berufsjäger, der 1.000 Eichhörnchen- und Zobelfallen betreute. Er jagte nur mit der Falle, führte aber immer ein Gewehr für alle Fälle mit sich, so wie wir das auch machten. Von hier aus liefen wir zu viert noch 10 Kilometer zum Ort *Kremenschat,* der zentralen Basis Iljona mit der Jagdhütte von Igor Nikolajewitsch.

Neben der Jagdhütte entdeckte ich eine geschlossene Kanzel ohne Leiter. Igor klärte mich auf, dass dies seine Speisekammer sei. Sie war drei bis vier Meter hoch, stand auf vier langen Pfählen und sah aus wie ein 1,5 m² großer Kasten. Bären, Vielfraße und Mäuse konnten dort nicht hinauf. Eine Leiter wurde abseits hingestellt. „Wenn du Lebensmittel in der Hütte lässt, wittern Bär und Vielfraß dies, und Mäuse finden immer einen Weg in die Hütte. Du kannst sie noch so gut bauen. Ein Bär nimmt selbst die stabilste Jagdhütte auseinander, und der Vielfraß gräbt sich durch. Für den Jäger ist es wichtig, dass er Le-

Start zur Fallenkontrolle

bensmittel in seiner Jagdhütte hat, wenn er im Herbst zum Pelztierfang kommt oder während der Saison sein Jagdgebiet wechselt. Zeit zum Jagen bleibt dann nicht mehr. Die Gefahr des Verhungerns ist groß", belehrte uns Igor.

Unter einem kleinen Vordach der Jagdhütte stand eine Reihe von kurzen und breiten Schneeschuhen, 1 Meter lang und 20 cm breit, auf der unteren Seite mit *Kamos* bespannt. *Kamos* ist das Fell von Pferde- oder Rentierläufen. Auf diesem kann man gut durch den Pulverschnee gleiten und auch leicht bergauf gehen. Die Schneeschuhe rutschen nicht zurück, da diese Bewegung gegen den Strich des Fells geht. Bergab kann man dagegen zügig fahren, insbesondere wenn man eine Spur hat. Der Jäger ist nur mit einem Stock unterwegs, da eine Hand immer frei sein muss, um die Waffe möglichst schnell einsetzen zu können. Wenn Fallen kontrolliert werden oder andere Beute heimgeholt wird, zieht er einen leichten Schlitten an einem Strick, der über die Schultern gehängt wird.

Igor erklärte uns, nach welchem System er den Pelztierfang betrieb: Zunächst musste man sich geeignete Fanggebiete aussuchen, in denen Pelztiere in so hoher Dichte vorkommen, dass sich ein Fang lohnt. Igor hatte zwei Jagdgebiete, die etwa 80 km auseinanderliegen. Sie lagen in Nadelwäldern (Hauptbaumarten Fichte und Sibirische Zirbelkiefer), deren Samen insbesondere Eichhörnchen, aber auch Zobel als

Nahrung dienten. In ihnen lebten viele Mäuse, die sich auch von den heruntergefallenen Zapfen und Samen ernährten und gleichzeitig selbst Nahrung für die Marderartigen, wie Zobel und Wiesel, waren.

Im Zentrum jeden Jagdgebietes lag eine Jagdhütte. Um diese herum legte er sieben Fallenstege mit je 250 Fallen an. Jeder Fallensteg war O-förmig, er begann und endete an der Jagdhütte. Täglich wurde ein Fallensteg kontrolliert, so dass jede Falle einmal wöchentlich aufgesucht wurde. Die Eichhörnchenfallen wurden mit getrockneten Pilzen oder Obst beködert. Für Zobel waren Haselhühner oder andere Fleischbrocken zugkräftiger. Bei den Fallen handelt es sich um Schlagbäume, wie wir sie aus unseren Revieren kennen.

Die Vorbereitung auf den winterlichen Pelztierfang erfolgte im Sommer. Jede Falle wurde überarbeitet oder neu angelegt. Man kann sich vorstellen, wie viel Zeit dafür aufgebracht werden musste und welche Kraft es kostete, mit den in dieser Periode massenhaft vorhandenen Mücken und Fliegen fertig zu werden.

Außerdem musste die Jagdhütte überholt werden. Die Aschengruben unter den Öfen waren zu leeren, Dächer mussten repariert werden, Wände und Türen waren zu dichten, und der Holzvorrat für den ganzen Winter musste an der Hütte gestapelt werden. Schließlich waren am nahegelegenen Wasserlauf Plätze vorzubereiten, an denen der Fleischvorrat eingefroren wurde. Der Lebensmittelvorrat im Speicher wurde im Spätsommer ergänzt. Dabei durften nur solche Dinge dort gelagert werden, die nicht froren, wie z. B. Tee, Kaffee, Zucker, Mehl, Marmelade, gesalzene Butter, Trockenfleisch und -fisch, Reis, Graupen, Buchweizengrütze, Streichhölzer, Kerzen und ähnliche Dinge. Der Fleischvorrat wurde im September angelegt. Zur *Maralbrunft* wurde ein weibliches Stück oder bei Gelegenheit ein Rentier erbeutet.

Abends bereitete uns Igor Nikolajewitsch eine schmackhafte Suppe mit Zwiebeln und Kartoffeln, die er speziell für uns mitgebracht hatte. Sie kochte in einem Wassereimer, in den Igor eine Menge kleingehacktes, gefrorenes Hirschfleisch warf. Als ob er es geahnt hatte, vielleicht war es aber auch abgesprochen, kamen zwei weitere Berufsjäger dazu, so dass jetzt außer Imrich, Lonja und mir noch drei Berufsjäger anwesend waren.

Der erste von den Neulingen heißt *Igor Igoritsch*, ein wahrer Hüne, knapp zwei Meter groß. Er hatte bereits 89 Bären erlegt, davon sieben an einem Tag, im Sommer während der Paarungszeit. Der zweite Jäger brachte einen Zobel mit, den er unterwegs vor seinem Hund erlegt hatte. Es waren jetzt fünf Hunde anwesend, die sich draußen vor der Hütte im Schnee eingerollt hatten. Sie lagen dort unangeleint. Igor erklärte mir, dass sie zur „Familie" gehören und nicht weglaufen. Sie werden mit den Kernen der abgebalgten Pelztiere ernährt.

Während des Abendbrotes erfolgte ein großes Palaver, von dem ich wie Lonja kaum etwas verstanden, da sie irgendeinen Dialekt sprachen, den wir nicht kannten. Dann wurde bei Kerzenschein der Zobel abgebalgt. Dabei gaben alle ihre Kommentare ab, was besser gemacht werden könnte. Um Mitternacht trat schließlich Nachtruhe ein. Imrich und ich lagen zu zweit auf einer Einmannpritsche. Das bedeutete, einer von uns beiden musste immer auf der Seite liegen. Drehen war nur gemeinsam möglich. Die vier anderen streckten sich auf dem Fußboden aus, zum Teil auf Planen. Die Jagdhütte war total ausgefüllt. Der Ofen wurde hochgeheizt, an Schlafen war nicht zu denken. Nach dem vielen Tee musste jeder irgendwann einmal an die frische Luft: „Ich muss einmal nach dem Wetter schauen." Jeder leider immer zu anderen Zeiten. Die Tür der Jagdhütte knarrte bei jeder Bewegung. Herrlich! Bei der Rückkehr in die dunkle Hütte kam man nicht an seinen Platz, ohne mindestens zwei Mitschläfer an irgendeiner Stelle getreten zu haben. Die auf dem Boden liegenden Jäger schnarchten in vier verschiedenen Tonlagen. Ich wünschte mir, diese Töne einmal aufnehmen.

Wir waren froh als die Nacht vorbei war. Imrich gestand, so etwas noch nicht erlebt zu haben. Nach dem Frühstück wurden wir drei *Irkutsker* auf die drei Berufsjäger aufgeteilt. Ich kam zu dem Riesen Igor Igoritsch und war froh, durch Fußballspielen körperlich einigermaßen fit zu sein. Wir marschierten um 9 Uhr ab, um einen von Igors

Falle zum Fang von Pelztieren

Fallenstegen zu kontrollieren. Die anderen beiden Partien hatten das Gleiche vor. Imrich allerdings streikte. Er blieb mit Igor Nikolajewitsch in der Jagdhütte. Das Wetter war bedeckt und mit -20 Grad relativ warm.

Ich hatte leichte Lederschuhe an, die mit Segeltuchschäften versehen waren. Der Betriebsleiter hatte sie mir ausgeliehen, in weiser Voraussicht auf das, was uns erwartete. Igor Igoritsch schlug ein höllisches Tempo im Pulverschnee an. „Sonst schaffen wir es nicht", murmelte er. Ich hatte das Glück, in seine großen Fußstapfen treten zu können, musste allerdings sehr große Schritte machen, was kolossal anstrengend war. Ich war in kurzer Zeit klatschnass geschwitzt. Es begann zu schneien und hörte den ganzen Tag nicht mehr auf. Wir kontrollierten Falle für Falle und legten so etwa 15 km im tiefen Pulverschnee über Felsen und Windbruch zurück. Das Ergebnis war mager. Wir holten einen Zobel und einen Eichelhäher aus den Fallen. Um 14 Uhr trafen wir wieder an der Jagdhütte ein.

Wir legten eine Vesperpause ein, zu der es rohes gefrorenes Hirschfleisch und Tee mit gezuckerter Milch gab. Ich zog die nassen Sachen aus und trocknete sie am Ofen. Nur Imrich und Igor Nikolajewitsch waren anwesend. Imrich hatte den Vormittag genutzt, um sich auszuschlafen. Gegen 15 Uhr kehrten Lonja und der dritte Berufsjäger zurück und berichteten, dass fünf Kilometer weiter in der Nacht ein Vielfraß eine Falle zerstört hat, in der sich vermutlich ein Eichhörnchen gefangen hatte.

Abends brachten wir das Gespräch auf Rentiere und äußerten den Wunsch, einen Tag auf diese Wildart zu jagen. Die Chancen sollten gut sein, so dass wir am nächsten Tag zu viert aufbrechen wollen. Wir wollten von Klippen aus Ausschau über offene Flächen halten, auf denen die Rentiere gerne äsen. Zum Abendbrot bereiteten wir in unserer Pfanne „Jägerschnitzel" aus Hirschkeule, was sehr große Zuneigung auslöste. Wir kamen mit dem Braten kaum hinterher. Die ganze Jagdhütte war von dem köstlichen Bratenduft erfüllt. Als Fett verwendeten wir die mitgeführte Butter. Die Nacht glich der vorhergehenden. Die Strapazen des Tages ließen mich aber zeitweise auch in einen tiefen Schlaf sinken, in dem ich das Schnarchkonzert sicher um eine Tonlage erweiterte.

Am nächsten Morgen frühstückten wir wohlgelaunt, denn heute sollte es auf Rentierjagd gehen. Ich war sehr gespannt. Wir zwangen uns jeder zwei Schüsseln *Kascha* hinein. Wer weiß, wann wir wieder was kriegen würden. Als wir vor die Tür traten fragte Igor Nikolajewitsch Lonja, ob wir denn überhaupt eine Kugelwaffe hätten, um auf weite Entfernung zu schießen. Lonja zog den nagelneuen Repetierer „Bär" aus dem Futteral, der mit Begeisterung von Hand zu Hand gereicht wurde. „Wir müssen erst Probeschüsse machen", meinte Igor

Statt Rentierjagd: Probeschießen mit dem neuen Repetierer „Bär"

und schritt eine Entfernung von 80 Meter ab. Auf einem Baumstubben stellte er fünf leere Flaschen nebeneinander auf. Ein Zielfernrohr gab es nicht, dafür ein dickes Balkenkorn. Jedem der Anwesenden wurden zwei Probeschüsse zugebilligt. Ich traf ebenso wenig wie die Berufsjäger. Nur Lonja zerschoss eine Flasche. Also musste alles nochmals wiederholt werden. Damit waren 24 Kugeln weg. Ohne daran zu denken, dass wir nur 30 Schuss hatten, werden auch noch die restlichen 6 Schuss unter Abschluss von Wetten verfeuert. Es herrschte tiefste Zufriedenheit unter den Berufsjägern. Jeder konnte sich nun rühmen, mit so einem neuen Gewehr geschossen zu haben. Sie hatten sonst nur Kleinkaliber und Schrot zur Verfügung und kannten Kugelwaffen nur von ihrer Armeezeit.

Die Rentierjagd war aber damit für uns gelaufen. Wir mussten über ein neues Programm nachdenken. Mittlerweile war es 10 Uhr geworden bei Temperaturen von -30 Grad Wir beschlossen, uns der Auerwildjagd zu widmen. Ich sollte heute wieder mit Igor Igoritsch losgehen. Um 11 Uhr waren wir aber immer noch an der Jagdhütte, weil Igor erst den Zobel vom gestrigen Tag abbalgen musste und dann noch einen Auerhahn rupfen wollte, den ein anderer Jäger vor zwei Tagen erlegt hatte. Ich sicherte mir die Stoßfedern dieses alten Hahns, der von Igor Nikolajewitsch in den nächsten Stunden zu einer schmackhaften Suppe verarbeitet werden sollte.

Dann ging es endlich los. Igors Hund hatte an Auerwild größeres Interesse als an Zobeln. Das mochte daran liegen, dass Igor und seine Mitjäger den Zobel nur fangen und nicht schießen. „Der Wertverlust ist sehr hoch, wenn ein Loch im Balg ist", klärte er mich auf. Alsbald hatte der Hund einen Hahn gefunden, der auf einer Fichte saß und neugierig umheräugte. Igor schoss, traf auch, aber der Hahn strich ab. Eine Nachsuche war in der Taiga sinnlos, da zu viele Hindernisse zu überwinden wären. Einige Zeit später ergab sich die gleiche Situation. Diesmal traf Igor gut, und der Hahn fiel verendet vom Baum.

Igor kam offensichtlich gar nicht auf den Gedanken, dass ich auch gerne einmal einen Auerhahn geschossen hätte. Als ich ihn daraufhin ansprach, ist er empört. „Ich wollte dich von dieser Arbeit befreien. Ich habe vom Direktor die strenge Anweisung, dir keine Arbeit zu zumuten, Christoph Iwanowitsch!" Ich erzählte ihm, dass es in meiner Heimat nur noch wenig Auerwild gibt und dieses streng geschont sei. Er entschuldigte sich bei mir und sprach mir den nächsten Schuss zu. Aber wie es so ist, wir sahen nur noch eine Henne, und die wurde nur in Notsituationen erlegt.

Dann ging es im Eiltempo durch den knietiefen Pulverschnee zurück. Gegen 17 Uhr erreichten wir die Jagdhütte. Meine Knie schmerzten von dieser extremen Belastung, ich war fix und fertig und am ganzen Körper klatschnass. Wir waren heute Nachmittag 12 km im tiefen Pulverschnee gelaufen. Die ganze Hütte duftete nach der Auerhahnsuppe. Ich war gespannt und sehr hungrig. Als alle wieder an Bord sind, bat uns Igor Nikolajewitsch endlich zu Tisch. Das war aber nur förmlich, da jeder an seinem Platz sitzenbleiben musste und nur ein kleiner Tisch für den Topf zur Verfügung stand. Da nicht alle einen Löffel besaßen, hatte Igor vier Löffel aus Birkenrinde hergestellt. Ich war zwar bestens ausgerüstet, aber der Löffel war mir irgendwie abhanden gekommen. Ob Igor Nikolajewitsch das gewusst hatte? Er öffnete den Topf, und im Kerzenschein sah ich den Vogel als Ganzkörper in einer trüben Flüssigkeit schwimmen, die noch Kartoffeln und Zwiebeln enthielt. Igor entschuldigte sich: „Mit meinen Werkzeugen war es mir nicht möglich, den Vogel nach vierstündiger Kochzeit zu zerlegen. Er muss sehr alt gewesen sein." Wir schauten uns an und brachen in Gelächter aus. Der Vogel wurde herausgeholt und die anderen sibirischen Jäger versuchen, ihn mit ihren Messern beizukommen. Ich erhalte wenigstens von der Brust ein Stück und versuche, dieses zu zerkauen. Keine Chance. Schweren Herzens entschlossen wir uns, den Hahn an die Hunde zu verfüttern.

Zur Anreicherung der nun mageren Suppe holte Igor aus seinem

Gepäck eine 500-g-Fleischdose, deren Inhalt dem Aussehen nach dem in Deutschland kaufbaren Hundefutter entsprach. In der Suppe zerkochte es in kurzer Zeit in kleinste Teile. Damit war das Mahl nun essbar und schmackhaft. Nach dem Tee trat sofort Nachtruhe ein. Es gab nichts mehr zu erzählen, und alle waren von den Tagesstrapazen geschafft. Es wurde trotzdem wieder eine unruhige Nacht. Die Hunde mussten draußen in Abständen voneinander angebunden werden, da eine Hündin läufig war. Dafür kläfften sie die ganze Nacht und ließen sich auch nicht durch laute Schimpfworte beeindrucken.

Am nächsten Morgen packten wir unsere Sachen und marschierten um 9 Uhr zu viert zur Jagdhütte von Konstantin Nikolajewitsch, um dort noch etwas über die Pelztierjagd zu erfahren. Er war ein 58-jähriger Berufsjäger, der bisher 4.000 Zobel und 50 Bären zur Strecke brachte. Ich drängte zu raschem Aufbruch, weil ich ahnte, was uns noch bevorstand.

Gegen Mittag erreichten wir wieder die Außenbasis, wo wir uns diesmal aber nicht länger aufhielten. Wir wollten heute noch nach *Jage*, der Zentralbasis. Auf uns warteten schon zwei leichte Pferdeschlitten, die jeweils mit vier Säcken „Zedernnüsschen" beladen waren. Das alleine war schon ein viel zu schweres Gewicht für die Schlitten. Jetzt kamen wir noch dazu! Jeder erhielt eine dicke *Toluba*, eine Art Pelzübermantel, in die man sich einwickeln kann. Die

Ständig kippten wir mit dem Schlitten um

Mit Zedernüsschen an Bord geht es über einen zugefrorenen Fluss

Fahrt ging im teilweise angenehmen Tempo auf einem zugefrorenen Flüsschen entlang.

    Aber dann verließen wir diesen glatten Weg, da Felsen und aufgetürmte Eisschollen ein Weiterfahren nicht zuließen. Es ging jetzt quer durch die Taiga. Ich sah aber Fahrspuren, die mir signalisierten, dass hier schon andere vorwärts gekommen waren. Siebenmal kippte ich mit meinem Schlitten um. Jedes Mal musste er neu beladen werden. Das ist mit der *Toluba* ein schwieriges Unterfangen. Einmal rammte mir das folgende Pferd die Deichsel des folgenden Schlittens in die Rippen. Diesmal rettete mich die *Toluba* vor einer schwereren Verletzung. Wir mussten Stunden in tiefer Finsternis fahren. Nur die Sterne gaben etwas Licht. Die Pferde mussten wohl den Weg kennen. Ich bemühte mich krampfhaft, in Kontakt mit meinem Rucksack zu bleiben, der meine lebensnotwenigen Utensilien enthielt. Um 20 Uhr erreichten wir schließlich ziemlich erschöpft die Zentralbasis. Wir aßen beim Basisleiter Abendbrot mit Bärenfleisch, Bouletten, Gurken, *Warenje* (Marmelade) und Tee, ehe ich dann endlich wieder auf meine Campingliege sank und Schlaf nachholte. Es war seit Tagen die erste ruhige Nacht.

    Wir frühstückten beim Basisleiter und erfuhren, dass wir erst morgen zurückfahren werden. Vorher bestand keine Transportmöglichkeit. Er würde aber die *Banja* (Sauna) heizen lassen, so dass wir uns auch wieder einmal säubern könnten und nicht mit Taigageruch zurück nach *Irkutsk* kämen. Wir besuchten das „Kontor", in dem Eichhörnchenfelle nach ihrer Qualität sortiert wurden und gingen dann mit Igor Nikolajewitsch in die Taiga, um Birkenholz zu holen. Den Sinn dieser Aktion erfuhren wir erst später.

Als wir zurückkehrten suchen wir die Sauna auf. Sie bestand aus einem hüttenartigen Gebäude, das direkt am Fluss steht. Es war nur ein kleiner Raum, in dem Steine auf einem eisernen Ofen lagen, die erhitzt wurden. Nachdem wir nackt Platz genommen hatten, wurde

Der Rauch der Sauna zieht durch den Schornstein und die offene Tür ab

Wasser auf die Steine gegossen. Alles war ziemlich einfach und primitiv, aber wir kamen mächtig ins Schwitzen. Wir saßen zu sechst auf Holzbänken. Außer leichtem Hüsteln war nichts zu hören. Etwas von der rauchigen Ofenluft schien sich mit dem Wasserdampf gemischt zu haben.

Nach 10 Minuten gab Igor den Befehl zur Abkühlung. Wir mussten raus in die Kälte (-30 Grad). Ein Mitarbeiter hatte in der Zwischenzeit ein 1,5 x 1,5 m großes Loch in das Eis gehackt, und jeder musste dort hinein. Das Wasser reichte mir bis zum Bauchnabel. Einmal musste untergetaucht werden. Ich war froh, als ich wieder in der

Sauna war. Drei derartige Durchgänge absolvierten wir, dann stand schon eine weitere Mitarbeiter-Mannschaft des Betriebes bereit, um die *Banja* zu nutzen.

Wir stärkten uns jetzt mit einem Mittagessen. Es gab rohen, gefrorenen, in Stücke geschnittenen und gekochten Fisch aus dem Fluss, in dem wir gerade gebadet hatten. Den Namen der Fischart habe ich vergessen, aber er gehörte zu den Salmoniden. Der Basisleiter berichtete uns, dass sein Betrieb jährlich 400 Tonnen Zirbelnüsse, 25.000 Eichhörnchen und 700 Zobelfelle abliefert und damit eine Bruttoproduktion von einer Million Rubel erreicht.

Wir gingen nochmals zu Igor Nikolajewitsch, der uns zeigte, wie man aus der Rinde des Birkenholzes, das wir aus der Taiga geholt hatten, einen Hirschruf für die *Maraljagd* anfertigt. Dabei erzählten wir wieder viel. Der Hausherr berichtete über Erlebnisse in chinesischen Bordells. Die Einzelheiten habe ich vergessen. Igor schenkte mir zum Abschied seine *Palma*, einen Bärenspieß, mit dem er über 20 Bären getötet hatte, die von seinen Hunde gestellt und gehalten wurden. Ich verehrte ihm mein Jagdmesser, da ich in *Irkutsk* noch ein anderes hatte. Imrich erhielt eine *Stroga*, eine Fischgabel, mit der nachts vom Boot aus Fische gestochen werden. Dazu wird am Bug eine Lampe befestigt. Er war darüber nicht sehr erfreut, sondern maulig und wollte mit mir tauschen. Das wollte ich aber nicht. Wir aßen Abendbrot und lagen um 24 Uhr im Bett.

Am Tag unserer Abreise fehlte wieder einmal das zweite Auto. Wir zogen mit allen anwesenden Jägern zu einer anderen Familie, frühstückten dort und tranken Wodka. Das zog sich bis zum Mittag hin und wäre vielleicht auch noch bis zum Abend gegangen, aber um 14 Uhr stand der *Ural* plötzlich vor der Tür. Wir verabschiedeten uns von allen, drückten und küssten uns und fuhren dann ab. Unterwegs war der Weg wieder einmal blockiert durch Holztransporte, die in den Graben gerutscht waren. Trotzdem erreichten wir um 19 Uhr den Bahnhof in *Nischniudinsk*. Der nächste Zug ging kurz nach 22 Uhr. Obwohl viel Volk auf den Zug wartete, bekamen wir reibungslos einen Platz im Zug. In dieser Nacht schlief ich kaum, da Imrich im Schnarchen die Erlebnisse der letzten Tage verarbeitete. Um 7 Uhr trafen wir in *Irkutsk* ein. Dort nahmen wir Berge von Post entgegen. Um diese Zeit war noch kein Mitarbeiter in der Hochschule. Wir mussten uns vom Hausmeister aufschließen lassen. Dann fuhren wir mit dem Bus ins Wohnheim, um uns von den Strapazen zu erholen.

Wir hatten jetzt Dezember, und die Temperaturen wurden immer niedriger. Sie unterschritten selbst schon in *Irkutsk* -30 Grad Tagelang hatten wir Stromsperren, was immer mit Heizungsausfall verbunden war, so dass wir uns zeitweise in Taigaausrüstung ins Bett einschoben. In der Fakultät lief das Leben jetzt gleichmäßig dahin. Ich präparierte täglich einige Rehschädel, die Jäger auf meinen Wunsch hin beim Präparator abgeliefert hatten.

Wir sollten eine Dienstreise zu den *Tuffelari* machen, einem Volksstamm der Ewenken, um die Rentierjagd mitzuerleben. Die Vorbereitungen erstickten zunächst im Keim, aus welchen Gründen auch immer. Eine Woche später wurde mir von Nikolai Sergejewitsch mitgeteilt, dass die Rentierjagd beendet wäre und sich das Thema damit erledigt hat.

Ich hatte einen ziemlich umfangreichen Postein- und -ausgang, der viel Zeit erforderte. Von meinem Vater erhielt ich einige Buchpakete. Für die gelesenen Bücher fand ich immer dankbare Abnehmer. Im Wohnheim gab es einen zentralen Raum für große Waschmaschinen. Ich fand eine Frau, die mir für ein paar Rubel die Wäsche in Ordnung brachte. Allerdings meinte sie es mit dem Waschen sehr gut, denn Unterwäsche und Strümpfe kamen nach jeder Aktion eine Nummer kleiner zurück.

Ich ging jetzt auch öfter zu *Timofejeff* ins Institut, um mich mit ihm über wissenschaftliche Fragen der Pelztierwirtschaft in Sibirien zu unterhalten. Dort lernte ich auch eine Reihe von anderen interessanten Jagdwissenschaftlern kennen. So erschien eines Tages *Michail Lawrow*, ein Rehwildspezialist, den ich aus der Literatur gut kannte. Mit ihm diskutierte ich über viele Fragen zum *Sibirischen Rehwild*. Er berichtete Viktor und mir von einem einarmigen Jäger, der viele Eichhörnchen mit der Falle fing. „Kann man denn mit einer derartigen Schwerbeschädigung gefahrlos in die Taiga gehen?", wollte ich wissen. Er zuckte mit den Achseln: „Er hat drei sehr gute Hunde und ein zehnschüssiges Kleinkalibergewehr."

Dann erzählte er mir, dass dieser Jäger im vergangenen Jahr mit seiner einen Hand einen Bären, der ihn attackierte, mit dem neunten Schuss seines Kleinkalibergewehrs erlegt hatte. Die Hunde beschäftigten den Petz, so dass dieser nicht auf den Jäger losgehen konnte.

An einem anderen Tag lernte ich *Dr. Melnikov* kennen, den ich in späteren Jahren wieder auf Tagungen, auch in Deutschland, traf. Derzeit arbeitete er in *Krasnojarsk*. Er erzählte mir, dass er im vergangenen Jahr bei der Wolfsbekämpfung mit dem Flugzeug 20 Vielfraße erlegt hätte. Eine unglaubliche Zahl, wenn man weiß, wie selten diese Art in der Taiga vorkommt. Ich hatte in der ganzen Zeit nur dreimal Spuren von diesem Raubwild gesehen. *Dr. Melnikov* hat später, um die Jahrtausendwende, ein Jagdbüro in *Kirow* eröffnet. Ich habe einige Jäger getroffen, die bei ihm Auerhähne und Wölfe erlegt haben und mir Grüße von ihm ausrichteten.

In der Hochschule fand ich einen Brief der DDR-Botschaft aus *Moskau* mit einem Flugschein *Irkutsk–Berlin* für den Sommer des nächsten Jahres vor. Er war wohl als Weihnachtsgeschenk gedacht, als

Ausgleich für die nicht stattgefundene weihnachtliche Heimfahrt. Als Kenner der Planwirtschaft vermutete ich aber, dass am Jahresende noch Geld da war, das ausgegeben werden musste, da es sonst verfiel.

Eines Tages besuchte mich *Boris Wodopjanow*, ein Rentierspezialist, um sich von mir zu verabschieden. Wir führten ein langes Gespräch über wissenschaftliche und praktische Themen bei Rentieren, über die ich wenig wusste. Er musste auf Dienstreise in den Fernen Osten. „Ich bleibe bis Mitte nächsten Jahres hier in *Irkutsk* und bin gespannt auf Deine Ergebnisse", teilte ich ihm mit. Er schaute mich an und lächelte: „Ich komme frühestens im Mai wieder. Dort im Fernen Osten am Ozean ist in dieser Zeit oft wochenlang dichter Nebel, so dass kein Flugzeug landen oder starten kann. Meine Rückkehr kann sich bis Mitte des Jahres hinziehen." Er erzählte mir, dass ihm dies bereits einmal so ergangen ist. Er hatte wochenlang in einem kleinen Dorf festgesessen und alle Bücher der dortigen Bibliothek gelesen. Jetzt nahm er gleich eine Tasche mit Büchern mit, die er in Flugplatznähe stationieren wollte. Ich wünschte ihm alles Gute.

Heiligabend erreichten die Temperaturen in *Irkutsk* -45Grad Jetzt sprachen auch die Sibirier von Kälte. Bei -25 Grad hielten sie das Wetter noch für warm. Heiligabend kam Lonja zu uns und wir feierten mit Weihnachtsbaum. Die Russen feiern Weihnachten kaum. Für sie ist Silvester und Neujahr das große Fest.

Erneut nach Molte

Am ersten Weihnachtsfeiertag, an dem in Sibirien gearbeitet wird, eröffnete uns Nikolai Sergejewitsch dass wir abends für drei Tage nach *Molte* in das Jagdgebiet der Hochschule fahren. Um 19 Uhr fuhr er bei uns mit dem Geländewagen vor. Um Alexei abzuholen, mussten wir stundenlang über eine Buckelpiste fahren, so dass ich seekrank wurde. Gegen Mitternacht hatten wir endlich unser Ziel erreicht und sanken erschöpft in die Schlafsäcke. Alexei machte Feuer, doch davon hörte ich nichts mehr. Am nächsten Morgen fuhren wir zusammen mit dem uns gut bekannten Jagdinspektor 20 Minuten mit dem Auto ins Revier. Dann geht es zu Fuß weiter.

Wir trennten uns. Ich marschierte hinter Nikolai Sergejewitsch langsam ein Tal aufwärts. Es herrschten -35 Grad, es war windstill und die Sonne schien. Nur das Hämmern der Spechte war zu hören. Auf weite Entfernung sah ich zwei Hirsche in einer kleinen Senke verschwinden. Ich legte ein Schneehemd an, nahm Nikolais Karabiner und pirschte hinterher. Als ich jedoch an dem Punkt anlangte, waren die Hirsche weg. Nikolai hatte die Hirsche mit drei weiblichen

Der Kühler wird mit heißem Wasser gefüllt (oben). Die Lötlampe wird angeheizt, um den Motorblock zu erwärmen (rechts)

Stücken bergauf ziehen gesehen. Wir pirschten weiter hinterher. Mittags musste ich allerdings Nikolai Sergejewitsch alleine weiterziehen lassen, da meine Knie erneut zu schmerzen begannen.

Ich wanderte langsam zurück zur Jagdhütte, die einfach zu finden war, da ich nur das Tal abwärts gehen musste. Nikolai verfolgte die *Marale*, berichtete aber abends, dass er sie nicht mehr in Anblick bekommen hatte. Ich war kaum an der Hütte, da erschien der Jagdinspektor. Er hatte einen Hirsch geschossen. Es wäre nicht weit, so dass wir gleich noch das Fleisch holen sollten. Ich machte gute Miene zum bösen Spiel und marschierte aufreizend langsam hinter ihm her. Vor Ort mussten wir den Hirsch aus der Decke schlagen. Diesmal hatte ich mein Messer absichtlich zu

Die Lötlampe wird in den Motorraum gestellt (oben). Mit der Kurbel wird versucht, den Motor zu starten (links)

Hause gelassen und stattdessen nur einen Mini-Nicker dabei. Bei unserer ersten Begegnung hatte er ja mein Messer zu einer Säge umgewandelt, die ich in stundenlanger Schleifarbeit beim Präparator wieder in ein Messer zurückverwandelt hatte.

Ich erntete schärfste Kritik, die mich aber kalt ließ, da andere Jäger auch kein Messer dabeihatten. Schließlich zog er sein eigenes aus einem Gattersägeblatt gefertigtes Messer hervor und begann mit der Arbeit. Dabei setzte er sein eigenes Messer wesentlich vorsichtiger ein als meines bei der ersten Begegnung. Ich bat ihn, als erstes eine Keule abzutrennen, damit ich mich schon langsam in Marsch setzen konnte. Ich taxierte das Gewicht auf das von zwei aufgebrochenen Rehböcken, die ich früher zu Hause wiederholt im Rucksack nach

Hause getragen hatte. Es war bereits dunkel, so dass ich den Weg kaum fand. Zweimal musste ich mir den Weg mit einem Feuerzeug suchen, da meine Taschenlampe ihren Geist aufgegeben hatte.

Um 19 Uhr treffe ich total erschöpft wieder in der Jagdhütte ein. Ich erwärmte mir eine bereitgestellte Suppe auf dem Ofen, streckte die Beine aus und suchte mir den nach meiner Meinung besten Schlafplatz aus. Nach einer halben Stunde trudelten die anderen Jäger auch fix und fertig ein. Der noch junge Jagdinspektor hatte die zweite Hirschkeule im Rucksack, war klatschnass und konnte sich kaum auf den Beinen halten. Als ich dies sah, war ich mit meiner Leistung mehr als zufrieden.

Nach dem Abendbrot brachen die Jäger nochmals auf, um die am Erlegungsort des Hirsches verbliebenen wertvollsten Fleischteile zu holen. Auch Imrich musste mit, obwohl er keine Lust hatte. Nur Nikolai Sergejewitsch und ich blieben in der Jagdhütte und wollten sofort zu Bett, damit wir einige Stunden Vorsprung hätten. Wir beide schliefen aber wie Murmeltiere und hörten nichts von weiteren nächtlichen Vorgängen. Morgens lagen alle fünf Jäger in der Hütte und das Fleisch hing draußen an Haken.

Trotz der nächtlichen Strapazen wurde um 7 Uhr zum Aufbruch geblasen, denn die Vorbereitungen zum Abmarsch brauchten etwa zwei Stunden. Grundsätzlich wurde im Winter in Sibirien von den Kraftfahrzeugen abends bzw. nach Fahrtende, wenn absehbar ist, dass man das Auto an diesem Tag nicht mehr braucht, das Kühlwasser abgelassen. Mir wurde auf meine Fragen wiederholt geantwortet: „Es gibt bei uns kein Frostschutzmittel, das -50 Grad aushält, deshalb benutzen wir nur Wasser ohne Zusatz und lassen dies nach der Fahrt ab." Da natürlich auch die Batterien bei entsprechenden Frostgraden nicht genügend Energie zum Anlassen abgaben, wurde der Motor mit einer Kurbel in Gang gesetzt. Zuerst wurde heißes Wasser in den Kühler gegossen, dann eine Lötlampe in eine im Motorraum seitlich installierte Halterung gesteckt und damit Motor und Ölwanne warm gemacht.

Das waren keine Bilder für deutsche Sicherheitsfanatiker, da man jeden Augenblick damit rechnen musste, dass der Motor explodiert. „Hast du Angst?", fragte mich Nikolai. „Ja immer wieder!", antwortete ich. Ich ging jedes Mal einige Meter vom Fahrzeug weg. „Gefrorener Diesel gast und brennt so schnell nicht", beruhigte mich Nikolai. „Mag sein, aber ich kann nicht über meinen Schatten springen." Das waren die Gespräche, die so oder so ähnlich immer wieder geführt wurden. Mit Benzinmotoren wurde ebenso verfahren.

Bärenjagd

Nikolai Sergejewitsch hatte, wie er mir beim Frühstück in der Jagdhütte mitteilte, von einem Ministeriums den Auftrag erhalten, Bärenfleisch für eine Parteiveranstaltung zum Jahreswechsel in *Moskau* zu liefern. Es war eigentlich ein Auftrag an die Bezirksjagdbehörde. Diese hatte ihn aber an Nikolai weitergegeben. Diesen Bären wollten wir heute, am 27. Dezember, erlegen. Eine Überraschung, die er uns verheimlicht hatte. Es herrschte sofort eine knisternde Spannung in der Jagdhütte. Ich fragte mich im Stillen, wie das so kurzfristig funktionieren sollte.

 Nikolai war aber ein ausgezeichneter Organisator. Er hatte von der Bezirksjagdbehörde erfahren, dass es im nächsten Dorf einen alten Jäger gab, der ein Bärenlager gefunden hatte. Die Jagdbehörde hatte für solche Sonderfälle immer einige gemeldete Bärenlager in Bereitschaft. Sofern diese von der Behörde genutzt wurden, erhielten die Finder des Bärenlagers 200 Rubel, das Fett, die Hälfte vom Fleisch und die Decke. Nur eine Hälfte des Fleisches musste abgeliefert werden. Das war ein durchaus attraktives Geschäft für den Jäger. Wir fuhren ins Dorf, um Kraftstoff zu tanken, bekamen aber keinen. Danach suchten wir das Haus des Jägers auf, der aber bereits weg war. Wir rasten hinterher und fanden nach 20 km sein Auto, einen kleinen Eigenbau ohne erkennbaren Typ. Wir hasteten zu Fuß weiter zur Jagdhütte, obwohl ich vor Knieschmerzen kaum laufen konnte, aber ich wollte mir diese Jagd nicht entgehen lassen.

 In der Jagdhütte war der Jäger nicht mehr. Wir sahen an den Spuren, dass sie zu dritt losgegangen waren. Wie Schweißhunde verfolgen wir zügig die Fährten. Etwa einen Kilometer vor dem Winterlager des Bären erreichten wir sie gerade noch. Pause. Wir mussten verschnaufen. Es wurde ein Feuer gemacht und Tee getrunken. Wir waren alle nassgeschwitzt, und man sollte ausgeruht und konzentriert an das Winterlager kommen.

 Ich schätzte den vollbärtigen Jäger auf 75 Jahre. Meine Frage hinsichtlich des Alters beantwortete er mit einem Lächeln. „Wie hast du das Winterlager gefunden?", fragte ich ihn. „Zufällig bei der Eichhörnchenjagd. Ich wusste, dass in diesem Gebiet immer einmal ein Bär ein Winterlager bezieht. Wenn man schon einige Male Winterlager von Bären gesehen hat, weiß man etwa, welchen Standort sie bevorzugen. Mein Hund suchte Eichhörnchen etwa 50 Meter vor mir, weiter entfernt er sich nicht. Plötzlich verhoffte er, spitzte die Ohren und äugte in ein kleines Kiefernstangenholz, das an einem Hügel liegt. In solch einem Biotop halten sich keine Eichhörnchen und Zobel auf, und anderes Wild gibt es hier nicht. Auf meinen Zischlaut kam er zu mir. Ich legte meinen Rucksack ab und befahl ihm, Platz zu machen. Mit der schussfertigen Waffe in der Hand näherte ich mich langsam Schritt für Schritt dem vorherigen Standort des Hundes. Ich kenne meinen Hund und hatte sofort den Verdacht, dass er Bärenwitterung in der Nase hatte. Ich konnte etwa 40 Meter weit in das lichte Stangenholz blicken und sah im Schnee ein kleines Loch von vielleicht 25 cm Durchmesser und wusste sofort, dass dies ein Bärenlager ist. Die Atemluft des Bären hält die Öffnung frei. Sonst wäre die Öffnung zugeschneit. Das Wichtigste ist, dass du nicht herangehst und dich ganz vorsichtig und leise bewegst. Der Bär nimmt Erschütterungen auf weite Entfernungen wahr. Ich zog mich langsam zurück und bin mit dem Hund vorsichtig nach Hause gegangen. Man geht auch noch vorsichtig, wenn man schon so weit entfernt ist, dass der Bär absolut nichts mehr von Dir vernehmen kann. Das war Anfang November. Ich bin seit dieser Zeit nicht mehr dort gewesen und hoffe, dass er von mir nichts gemerkt hat und nicht ausgezogen ist. Das Risiko besteht immer, wir werden es ja sehen".

Außer dem Jäger war noch der Dorfpolizist, der für mehrere Ortschaften zuständig war, mit einer Pistole und sein 13jähriger Sohn mit einer Flinte dabei! Nikolai Sergejewitsch erklärte die Spielregeln für die zu erwartende Begegnung mit dem Bären den jetzt acht Personen: „Jeder von uns darf sich als Erleger des Bären bezeichnen, wenn wir ihn denn bekommen. Christoph Iwanowitsch hat als Waffe nur einen Fotoapparat. Er wird so postiert, dass er Fotos machen kann, aber von unseren Kugeln nicht getroffen wird. Wenn er gute Fotos macht, ist er der Haupterleger. Wir haben fünf Flinten, einen Karabiner und eine Pistole des Polizeimeisters. Wir stellen uns in einer Reihe vor dem Eingang des Bärenlagers auf, so dass jeder auf das Loch schießen kann, nach oben hin aber freies Schussfeld besteht. Wenn es dem Bären gelingt, lebend herauszukommen, wirft sich jeder auf den Boden, damit der annehmende Bär aus dem Liegen nach oben beschossen werden kann und keiner einen anderen von uns verletzt."

Dass er mich zum Haupterleger ohne Waffe kürte, war wohl eine Gefälligkeit, mit der er aber auch verhindern wollte, dass einer zu früh schießt. Mir war bekannt, dass sich alle Anwesenden als Erleger bezeichnen können. Damit will man verhindern, dass Jagdneid zu Unfällen führt. Am meisten war ich über den Sohn des Polizisten erstaunt, der ja noch kein Jäger war, aber die Flinte seines Vaters führte. Er machte einen abgebrühten Eindruck und sagte nichts. Ihm war die Situation offensichtlich nicht neu. Der Finder des Bärenlagers und der Polizist hatten insgesamt drei Hunde dabei. Sie befanden sich noch an der Leine.

„Auf geht's, *Ni púcha – Ni perá*!" Im Gänsemarsch näherten wir uns langsam dem Bärenlager. Als wir auf 150 Meter herangekommen waren, sah ich, dass der Jäger die Lage hervorragend beschrieben hatte.

Das Loch des *Berloges* (Bärenlager) war zwar noch nicht zu erkennen, dafür aber das Kiefernstangenholz am Hang des kleinen Hügels. Die Jäger hatten Flintenlaufgeschosse oder Kugeln geladen und trugen die Gewehre in der Hand. Selbst der Polizist hatte seine Pistole gezogen und entsichert. Wir schritten langsam auf das Kiefernstangenholz zu. Dann sah ich auch das Loch. War der Bär noch im Lager? Wir gingen bis auf 10 Meter heran.

Der Jäger ließ die Hunde voransuchen. Sie taten uninteressiert. Bei einem sträubten sich leicht die Rückenhaare, aber sie gaben keinen Laut, sondern schnüffelten um das Loch herum. Wir standen regungslos und harrten der Dinge, die da kommen sollten. Es tat sich nichts. Der Jäger bedeutete uns durch Zeichen stillzustehen. Er selbst entfernte sich leise, um eine umgebrochene Kiefernstange zu entasten und abzuhauen. Mit dieser Stange kehrte er wieder zurück.

Mit einer Stange wird der Bär in seiner Höhle gereizt

Die Jäger traten bis auf fünf Meter an das Loch heran, die Waffen im Anschlag. Leider hatte ich keine gute Fotosituation. Ich stand etwa 15 Meter seitlich des Loches, hatte aber etliche Kiefernstangen vor mir.

Jetzt schob der Jäger die Stange in das Loch und stachelte damit etwas herum. Daraufhin hob ein tiefes kräftiges Brummen unter der Erde an, so dass man sofort merkte, dass sich dort ein großes Tier befand. Der Jäger zog die Kiefernstange schnell heraus und ging in Anschlag. Der Petz brummte weiter. Plötzlich fiel ein Schuss, wie sich später herausstellte aus der Flinte des Polizistensohnes, dem die Nerven durchgegangen waren. Er glaubte, eine Bewegung gesehen zu haben und feuerte einfach in das Loch. Dabei durchschoss er eine Tatze des Bären. Dieser ließ nun nicht lange auf sich warten. Er kam aber nur mit dem Haupt aus dem Loch. Die sofort von allen Jägern abgegebenen Schüsse ließen ihn im Feuer verenden.

Jetzt wich die Anspannung bei allen Anwesenden. Wir mussten nun den Bären mit Stricken unter erheblichen Anstrengungen aus seiner Höhle ziehen. Es war glücklicherweise kein sehr großes männliches Exemplar. Die Körperlänge betrug 212 cm, die Schulterhöhe 100 cm. Die Sohlen waren vorne 20 cm lang und 16 cm breit, hinten entsprechend 29 und 12 cm. Das Haupt hatte eine Länge von 48 cm. Einige Wochen später erzählte mit ein TASS-Korrespondent, dass er

Die Hunde verbellen den bereits verendeten Bär

Die Jägermannschaft und der geborgene Bär

schon zweimal erlebt hätte, wie Bären aus dem Winterlager gekommen wären, obwohl vier bis fünf Jäger geschossen hätten. In der Regel gibt es dann Verletzte oder Tote.

„Raucherpause", befahl Nikolai Sergejewitsch. Ich benutzte sie, um Fotos zu machen und in die sehr kleine Höhle zu schauen. Ich wunderte mich, wie dieser Bär dort Platz gehabt hatte. Aber er lag im frostfreien Bereich. Die Erde am Boden der Höhle war nicht gefroren. Nun musste der Bär an Stricken acht Kilometer durch die Taiga bis zu unseren Autos gezogen werden. Wir mussten etliche Raucherpausen einlegen. Der Braune wurde mit Schieben und Drücken in unseren Jeep verfrachtet, und ab ging es in Richtung Dorf – 20 Kilometer auf schlechten Wegen. Eingezwängt, auf und neben dem Bären, stiegen wir wie geschlagene Hunde vor dem Haus des Jägers aus dem Auto. Dieses Holzhaus hatte, wie viele andere in sibirischen Dörfern, einen größeren zentralen Raum. Nur die Betten waren durch Vorhänge abgeteilt.

Der Bär wurde ausgeladen und vor dem Haus positioniert. Die gesamte Mannschaft wurde ins Haus gebeten und zum Mittagessen eingeladen. Es gab eine undefinierbare Suppe mit Brot und schwarzen Tee danach. Alle waren heißhungrig nach den unerhörten Anstrengungen des Tages. Nachschlag gab es aber nicht. Die Hausfrau

Über acht Kilometer musste die Beute durch den Schnee gezogen werden

war auf solchen kopfzahlstarken Besuch nicht eingerichtet. Im Raum hielten sich neun Personen auf. Nikolai Sergejewitsch, der Hausherr, Imrich und ich saßen am Tisch. Die anderen mussten auf dem Fußboden Platz nehmen.

Nikolai Sergejewitsch drängte auf Eile. Der Bär musste versorgt werden und draußen herrschten -45 Grad Die Beute durfte nicht hartfrieren, da sie sonst nicht zerlegbar war. Ich wollte mich bereits anziehen, als Nikolai mir einen verstohlenen Wink gab, damit zu warten. „*Dawai*, Nikolai, Imrich und Christoph bleiben sitzen, die anderen folgen mir", kommandierte der Hausherr. Dann passierte das, was ich nie für möglich gehalten hätte. Die übrigen vier Männer verschwanden nach draußen und zogen den gesamten Bären unter Schieben und Drücken durch die Haustür ins Innere. Die Hausfrau schlug die Hände über dem Kopf zusammen und stöhnte: „Bei Jägern darf man nichts sagen, sonst leidest du tagelang unter der schlechten Laune." Der Hausherr grinste nur.

Zunächst wurde der Bär aus der Decke geschlagen, da sich das am besten macht, solange er noch nicht aufgebrochen ist. Jeder der vier Jäger fing an einem Lauf an und arbeitete sich bis zur Körpermitte vor. Innerhalb von 30 Minuten war die Decke ab. Sie wurde nach draußen gebracht. Dann folgte eine weitere interessante Handlung.

Der Hausherr schnitt die Bauchdecke des am ganzen Körper von einer dicken Speckschicht bedeckten Bärenkörpers auf und holte als erstes die Leber heraus. Dabei quollen die noch warmen Därme heraus. Sie dampften noch von der Körperwärme und erfüllten den ganzen Raum mit Bärengeruch, der allerdings nicht mit dem Geruch von Zoo- oder Zirkusbären zu vergleichen ist. Diese Taigabären fressen in ihrem Leben kaum Fleisch, sondern ernähren sich im Wesentlichen von vegetarischer Kost, wie Waldbeeren unterschiedlichster Arten, Zirbelnüsse, Wurzeln und Gras. Sie stinken dadurch nicht.

Der Hausherr drehte die Leber um. Auf der Unterseite wurde die relativ große Gallenblase sichtbar, die er jetzt vorsichtig löste. Wie auf Kommando zog jeder Anwesende, außer Imrich und mir, ein Backaromagläschen aus der Tasche, um etwas *Bärengalle* zu erhalten. Ich fragte nach einer Küchenwaage, die die Hausfrau sofort brachte, und wog die Gallenblase samt Inhalt. Das Gesamtgewicht betrug 300 g, so dass etwa 250 g Gallenflüssigkeit zu verteilen war. Mittels eines kleinen Spezialtrichters wurde die zunächst in ein Glas abgefüllte Gallenflüssigkeit nun auf die einzelnen Gläschen verteilt. Selbst Nikolai Sergejewitsch hatte ein solches Röhrchen bei sich. Die größte Menge behielt der Hausherr für sich. Ich hatte den Eindruck, dass dies der größte Gewinn für die Teilnehmer an der heutigen Jagd war. „Gegen oder für was ist die Galle gut?", frage ich den Hausherrn. „Für alles und gegen alles! Nieren- und Gallenbeschwerden, Darm- und Blasenprobleme, Glücksgefühle, Körperkraft", antwortete mir der Polizist. „Bärengalle findet man neben Tee unterschiedlichster Pflanzenarten in jeder Hausapotheke der Taigadörfer", ergänzte Nikolai Sergejewitsch.

Als nächstes wurde das Brustbein des Bären herausgelöst, zerkleinert und der Hausfrau zum Kochen übergeben. Sie hatte in der Zwischenzeit schon einen riesigen Topf mit Wasser auf den Herd gestellt. Von der in Deutschland notwendigen Trichinenschau bei Bären hat man in Sibirien noch nichts gehört. Möglicherweise kommen diese Parasiten dort nicht vor?! Nun wurde das gesamte Gescheide herausgenommen. Ein Jäger ging nach draußen, um die Därme zu säubern. Außer dem sehr geringen Darminhalt wurde jedes Stück des Bären verwertet. Die gesamte Aktion mit dem Bärenkörper dauerte zwei Stunden. Das Haus wurde notdürftig gesäubert.

Jetzt folgte das Abendbrot, das aus gekochtem Fleisch und dem Brustbein des Bären bestand. Es hatte einen nussigen Geschmack, der auf den herbstlichen Verzehr von Zirbelnüssen zurückzuführen war. Im Stillen hatte ich den Gedanken, dem Jäger die Decke als Erinnerung an das Erlebnis abzukaufen. Nikolai Sergejewitsch stimmte nach meiner Befragung zu und meinte, 100 Rubel wären angemessen. Meine Verhandlungen mit dem Hausherren verliefen jedoch ergebnislos. Hintenherum hörte ich, dass er sie im Sommer an Touristen verkaufen wolle. Damit war für mich das Thema erledigt.

Ich erkundigte mich, wie die Decke, die an der Unterseite eine dicke Fettschicht aufwies, jetzt weiter behandelt wird. „Ich hänge sie Morgen mit der Unterseite nach außen an eine Wand meines Hauses. Den ganzen Winter über kommen Meisen und Spechte und picken die Fettschicht ab. Im Frühjahr nach Ende der Frostperiode nehme ich sie ab und konserviere sie mit Salz", erklärte mir der Hausherr. Als ich im Sommer zufällig an dem Haus vorbeikam, hing das Bärenfell immer noch an einer Seite seines Holzschuppens. Es war natürlich knallhart und wahrscheinlich auch wertlos geworden. Mir war klar, dass durch dieses Dorf noch nie ein Tourist gekommen war und andere Besucher in der Regel keinen Platz im Gepäck für eine so große Decke haben.

Jetzt drängten wir zum Aufbruch, da wir noch 37 km bis nach *Molte* fahren mussten, wo wir gegen 20 Uhr ankamen. Es war hundekalt, da keiner geheizt hatte. Ich schob mich mit allen Sachen in den Schlafsack ein, so dass es sich leidlich aushalten ließ. Die anderen zitterten sich frierend durch die Nacht. An der Hütte war der Holzvorrat zur Neige gegangen. Deshalb wurde auch früh aufgestanden, das Hirschfleisch in Stücke gehackt und aufgeteilt. An einem kleinen Feuer wurde kalte Suppe warm gemacht und Tee gekocht. Nikolai Sergejewitsch machte in der Zwischenzeit das Auto fahrbereit. Das alles dauerte keine Stunde, und schon saßen wir im Jeep und fuhren zurück nach *Irkutsk*.

Der Brotbaum Sibiriens

Die *Kedr*, wörtlich übersetzt Zeder, hat mit der in Europa bekannten Zeder nichts zu tun. Nach Auskunft eines Spezialisten der *Irkutsker* Hochschule ist sie eine Unterart unserer heimischen gemeinen Kiefer (*Pinus silvestris variatio sibirica*) und die einzige Kiefer, deren Zapfen geschlossen zur Erde fallen und sich dann erst im Verlauf des Winters und Frühjahrs öffnen. Die Samen haben die Form von kleinen kirschkern- bis bohnengroße Nüsschen, die von einer festen Schale umschlossen sind und keine Flügel besitzen. Die Zapfen haben etwa die Größe wie die der Schwarzkiefer.

Die typische sibirische Zirbelkiefer ist schlankwüchsig mit lang gezogener Krone. Es gibt Varianten mit breitwüchsigen Kronen. Sie wächst unter mitteleuropäischen Bedingungen langsam. In meinem Garten stehende, jetzt 38-jährige Exemplare, die ich aus mitgebrachten Samen zog, sind jetzt (2009) vier bis fünf Meter hoch. Die *Sibirische*

Typische sibirische Zirbelkiefer mit ihrer schmalen Kronenform

Zirbelkiefer, die besonders in Ostsibirien verbreitet ist, hat für die Tierwelt eine hohe Bedeutung, da fast alle Säugetiere und Vögel direkt oder indirekt von ihren Samen leben und sich damit im Herbst den für die Überwinterung notwendigen Fettvorrat anfressen. Daher findet man auch die höchsten Pelztiervorkommen in solchen Beständen. Die Beutegreifer leben von den dort in hoher Dichte vorkommenden Mäusepopulationen, verzehren die Nüsschen allerdings auch selbst.

Aber auch der Mensch nutzt die Nüsschen intensiv. Im September/Oktober, wenn die Zapfen reif sind, wandern ganze Völkerscharen in die Taiga zur Zapfenernte. Es ist die Haupturlaubszeit in sibirischen Ortschaften. Von Ärzten, Wissenschaftlern bis zu Hausfrauen ziehen ganze Familien in die Taiga, um sich so zusätzlich Geld zu verdienen. Dabei werden die Zapfen von den Bäumen geschlagen. An ei-

So werden die Zapfen vom Baum geklopft

ner zwei bis zweieinhalb Meter langen Stange wird an einem Ende ein schwerer Holzklotz befestigt. Dann wird die Stange mit dem Holzklotz nach oben im Abstand von einem Meter vom Baum auf den Boden gestellt und der Holzklotz mit Schwung an den Stamm gehauen. Durch die Erschütterung fallen die Zapfen vom Baum. Glücklicherweise wird so etwas meistens nur in den von den Ortschaften aus zu Fuß erreichbaren Zonen durchgeführt, da solche Baumbestände aussehen, als seien sie stark von Rotwild geschält. Die Baumschäden sind beträchtlich.

Oben: Primitivunterkunft der Zapfenernter. Unten: Zirbelkiefertaiga

Die Jagdwirtschaftsbetriebe nutzen die Zapfen als Teil ihrer wirtschaftlichen Tätigkeit. Sie haben meistens kleine primitive Darren, in denen die Zapfen unter Wärme getrocknet werden und sich dann öffnen. Die Nüsschen fallen durch Siebe nach unten. Aus ihnen wird hochwertiges Feinmechaniköl hergestellt. Sie werden aber auch in der Lebensmittelindustrie verarbeitet. Von der Bevölkerung werden sie wie Sonnenblumenkerne im Mund geknackt und verzehrt. Man sieht im Herbst und Winter in den Städten überall Menschen, die solche Nüsschen verkaufen. Für ein paar Kopeken lässt man sich ein Wasserglas voll in die Jacken- oder Hosentasche kippen.

Jahreswende in Irkutsk

Am 31. Dezember wurde ganztags gearbeitet, während der 1. Januar als Feiertag gilt. Silvester war für mich insofern ein interessanter Tag als ich *Mark Sergejewitsch Smirnov* kennenlernte, einen der bedeutendsten Rehwildspezialisten Sibiriens. Sein Buch über diese Art hatte ich bereits gelesen. Wir führten ein mehrstündiges Gespräch und verabredeten einige gemeinsame wissenschaftliche Arbeiten. Er war einer der russischen Jagdwissenschaftler, mit denen ich sofort auf einer Wellenlänge lag.

Von einer Silversterknallerei war am Nachmittag und auch nachts in *Irkutsk* wenig zu merken. Wir aßen im Wohnheim Abendbrot und wurden dann von den auf unserem Flur lebenden Wissenschaftlerfamilien um 22 Uhr zu einer gemeinsamen Silvesterfeier eingeladen, die allerdings bis 4 Uhr dauerte. Nach kurzer Nachtruhe wurde die Feier fortgesetzt. Um 16 Uhr waren wir von einer Mitarbeiterin des Dekans zur Neujahrsfeier eingeladen. Dort begann jetzt das eigentliche Neujahrsfest.

Ludmilla Iwanowna hatte eine komfortable Wohnung, die gehobenem europäischen Standard entsprach. Es gab ein sehr liebevoll hergerichtetes Essen mit fünf bis sechs Salaten, Fleisch, Fisch und acht verschiedenen alkoholischen Getränken.Bier war leider nicht dabei. Allerdings ließ sich das russische Bier zu dieser Zeit auch nicht trinken. Es war trübe und nur drei Tage haltbar. Natürlich wurde es von vielen auch danach noch getrunken, denn es war billig. Die Auswirkungen kenne ich nicht, da ich es nie probiert habe.

Ludmilla und ihr Mann hatten rund 30 Personen eingeladen, die alle in der Hochschule arbeiteten und viel von Imrich und mir wissen wollten. Es war für uns ziemlich anstrengend. Um Mitternacht brachen wir auf und stellten fest, dass der letzte Bus weg war. Also ging es wieder zurück zu Ludmilla, und wir übernachteten in ihrer Wohnung wieder einmal, unter einer kleinen Decke gemeinsam mit Imrich in einem Bett. Es war heiß, wir schwitzten, hatten aber eiskalte Füße. Also zogen wir uns wieder an, platzierten uns in Sesseln und kosteten von den noch vorhandenen Getränken.

Um 10 Uhr standen Ludmilla und ihr Mann auf. Unrasiert, ungewaschen und alkoholisiert fühlten wir uns entsetzlich. Ludmilla zeigte uns das Bad, so dass wir wenigstens duschen konnten. In der Zwischenzeit hatte sie aus den Resten der Feier ein Frühstück bereitet. Es gab außerdem Kaffee, Alkohol und vier große Torten. Das Frühstück zog sich etwa bis 13 Uhr hin. Dann brachen wir endgültig auf.

Vom 7. bis 14. Januar dauerte das russische Weihnachtsfest, das wieder mit einer Reihe von Feiern bei verschiedenen Kollegen verbunden war. Die nächsten Wochen verbrachten wir täglich in der Fakultät, da die Genehmigungen für weitere Dienstreisen bisher nicht vorlagen. Ein Besuch in der zentralen Pelztierbasis, von der Pelze aus Ostsibirien und dem Fernen Osten aufgekauft werden, war hochinteressant. Sie hatte einen Jahresumsatz von 30 Millionen Rubel. Pro Jahr kamen rund 100.000 Zobel, 3 Millionen Eichhörnchen und 800.000 Bisamratten rein. Etwa 60 Pelztierarten wurden gehandelt. Pelze von Wildtieren nahmen den ersten Platz ein. Der Weiterverkauf erfolgte auf Auktionen in Leningrad und an zehn Pelzfabriken. In der Basis wurden die Pelze nochmals bearbeitet. Die wichtigsten Maßnahmen waren dabei das Säubern und Kämmen der Haare. Dann wurden die Bälge nach Qualitäten sortiert. Das Pelztieraufkommen

Bearbeitung von Blaufuchsbälgen in der Pelztierstation

Blick in den Lagerraum einer Pelztierverabeitungsstation

der gesamten Sowjetunion kam zu 70 Prozent aus Pelztierfarmen, zu 10 Prozent aus der freien Wildbahn und ein Fünftel stammte von Karakulschafen.

Wir hielten Vorträge über das Jagdwesen in der CSSR und der DDR vor Studenten und Mitarbeitern, die intensiv Fragen stellen, da dies alles für sie Neuland war. An einem Wochenende fuhren wir mit Nikolai Sergejewitsch nochmals nach *Molte* zur Jagd, sahen aber kaum etwas. Es war bitterkalt. Nach zwei Tagen kehrten wir wieder zurück nach *Irkutsk*.

Expedition zu den Tuffelari

Endlich, Mitte Februar, stand wieder eine Reise in Aussicht zu einem Stamm der *Ewenken*, die „besondere" Fangmethoden für Pelz- und Rentiere praktizieren. Ich war trotz leichter Grippe sehr gespannt. Wir übernachteten bei Lonja, da wir am nächsten Morgen schon um 7 Uhr auf dem Flugplatz sein mussten. Unser Flugziel lag etwa 1.000 km nördlich. Wir flogen mit einer kleinen Linienmaschine (AN 10), die sechs Dörfer ansteuerte. Dabei landeten und starteten wir jedes Mal im tiefen Pulverschnee. Die Maschine flog 400 Meter hoch, so dass wir alle Einzelheiten auf dem Erdboden erkannten. Mir wurde wieder die große Weite der Taiga bewusst. An vielen Stellen sah man, dass es gebrannt hatte.

Endlich landen wir in *Nischniudinsk*. Hier mussten wir umsteigen in ein speziell für uns bestelltes Flugzeug. Beim Abstempeln unserer Dienstreiseaufträge teilte uns der Flugplatzleiter mit, dass die Maschine schon auf uns wartete. Er hatte aber vom Vorsitzenden des örtlichen *Sowjet* (Landrat) einen Anruf erhalten, dass wir von ihm zu einem kleinen Empfang geladen waren. Lonja runzelte die Stirn und meinte: „Der will Wodka sehen." Wir hatten zwei Flaschen im Gepäck und hätten dann bei den *Tuffelari* nur noch eine.

Wir stiegen in einen bereitstehenden Jeep und fuhren fünf Kilometer bis zum Verwaltungsgebäude des örtlichen Sowjet. Hier fanden wir einen typischen altrussischen Beamten vor, der uns zunächst freundlich begrüßte und die Flasche Wodka mit uns trank. Nach dem letzten Schluck setzte er eine andere Miene auf. Er war beleidigt, dass er von unserem Kommen nicht informiert wurde. Ich fragte mich nur, woher er denn von unserer Ankunft überhaupt wusste. Er lehnte es ab, uns zu den *Tuffelari* fahren zu lassen. Der Direktor der zuständigen Jagdwirtschaft und zwei andere Funktionäre wurden gesucht und gefunden. Sie wussten angeblich auch von nichts, obwohl wir am nächsten Tag erfuhren, dass der Hauptjagdwirtschaftler in *Irkutsk* war und natürlich von unserer Reise informiert war.

Kurz und nicht gut, sie fanden alle möglichen Ausflüchte, die darin gipfelten, dass momentan keine Rentiere da wären. *Doswidanja* –

Der Dorfflugplatz

Auf Wiedersehen! Wir sollten wieder zurück nach *Irkutsk*. Auf der Rückfahrt zum Flugplatz raunte Lonja mir ins Ohr : „Der Zar ist weit". Wir sahen uns an, lachten und stiegen wieder ins Flugzeug, machten die gleichen sechs Zwischenlandungen, betrachteten die Taiga und sind um 17 Uhr wieder in *Irkutsk*. Mein Grippe-Schädel brummte gewaltig nach dieser 2.000-km-Flugtour.

Am nächsten Morgen traf ich Nikolai Sergejewitsch in der Fakultät. „Nun wie war es bei den *Tuffelari*?", begrüßt er mich. „Ich kenne jetzt die besonderen Jagdmethoden der *Tuffelari*", antwortete ich und erzählte ihm unser Erlebnis. Er schüttelte den Kopf, lachte und entschuldigte sich: „So ist das Leben in Sibirien."

Am 21. Februar bekam ich zwei Paketlizenzen, die ich meiner Frau schickte, damit sie mir zwei Sendungen schicken konnte. Nikolai Sergejewitsch fragte mich, ob ich kurzfristig ein Gutachten zu einer Dissertation über die *Baikalrobbe* anfertigen könne. „Das ist für mich kein Problem. Wie viel Zeit habe ich?" Er denkt nach: „Zwei Wochen." Er übergab mir die Arbeit sofort. Mir kam das sehr entgegen, da ich mich über die *Baikalrobbe* sowieso näher informieren wollte.

Mit Grippe in der Taiga

Nikolai Sergejewitsch holte uns wieder einmal zur Jagd in der Taiga.ab Ich war total vergrippt, stark erkältet, hatte die Sprache verloren, wollte aber das Wochenende nicht allein bleiben und hoffte auf die klare, kalte Taigaluft. Wir fuhren nach *Molte*, machen Quartier und gleich den ersten Pirschgang. Ich sah einen Hirsch auf über einen Kilometer Entfernung. Imrich hatte zwei Hirsche auf 80 Meter vor sich, verpasste aber die Chance, da er unbedingt den besseren der beiden haben wollte. Der zog aber nicht breit, sondern spitz von ihm weg. Als er mir das erzählte, sagte ich zu ihm: „Bei uns gibt es ein Sprichwort: Der Spatz in der Hand ist besser als die Taube auf dem Dach." Er ärgerte sich.

Imrich, Alexei und ich übernachteten zu dritt in einer kleinen Jagdhütte, die ich bisher noch nicht kannte. Am nächsten Morgen brachten wir Nikolai und Michail Michailowitsch einschließlich zwei Hunden zu den Fährten von drei Luchsen, die sie gestern Nacht entdeckten. Danach fuhren wir zurück und pirschten erneut los. Bereits nach kurzer Zeit sah ich zwei Hirsche, die uns aber bereits bemerkt hatten. Ich führte Nikolais Repetierer und beschoss den ersten auf 250 Meter freihändig spitz von vorn. Zielfernrohre kannte man hier nicht. Dafür besaß die Waffe einen Stecher. Ich stach ein und löste den zweiten Schuss, der leider zu früh losging, da der Stecher zu leicht stand.

Die einzige Fütterung in Ostsibirien – Modellprojekt von Studenten!

Am Anschuss fanden wir Schweiß und etwas Schnitthaar. Wir tippten auf Streifschuss am Stich oder der unteren Bauchkante. Wir sahen die Hirsche nochmals auf weite Entfernung, suchten aber trotzdem noch zwei Stunden nach. Doch der Schweiß hörte völlig auf. Wir gaben auf. Um 14 Uhr waren wir wieder in der Jagdhütte, schachmatt, hungrig und durstig. Imrich traf auch ein. Er hatte wieder eine hundertprozentige Chance verpasst. Wir aßen Suppe, schlürften Tee, erzählten Jägerlatein und verzogen uns zeitig in die Schlafsäcke. Meine Grippe steigerte sich in der Nacht in die höchste Phase.

Am nächsten Morgen sagte Alexei zu mir: „Christoph Iwanowitsch, du bleibst heute in der Hütte liegen. Ich gebe dir eine gute Medizin. Heute Abend bist du die Grippe los." Mir war es recht, denn ich konnte mich kaum noch auf den Beinen halten. Er brachte mir eine Knoblauchknolle. „Die musst du jetzt essen, dann wird dir rasch besser." Er verließ mit Imrich die Hütte, und beide pirschten los. Ich drehte die Knolle in meiner Hand hin und her und wusste nicht, wie ich es machen sollte. Schließlich nahm ich die Knolle auseinander und schluckte die zwölf Zehen eine nach der anderen mit je einem Schluck Tee hinunter, ohne sie zu zerbeißen. Dann schob ich mich in den Schlafsack und schlief innerhalb kurzer Zeit ein. Gegen Mittag wachte ich auf und stellte fest, dass Kopf- und Halsschmerzen weg waren. Ich trat vor die Tür und hatte einen herrlichen Wintertag mit Sonnenschein, Windstille und -40 Grad vor mir. Ich legte Holz auf den Ofen, zog mich an und unternahm einen Spaziergang in die Umge-

Auf der Eichhörnchenjagd

bung. Die Grippe war wie weggeblasen. Ich fühlte mich wie neugeboren. Da störte es mich auch nicht, dass Imrich mir abends berichtete, dass sie heute drei Elche gesehen hätten. Ich hatte während des ganzen Jahres noch nicht einen in Anblick gehabt. Eine Chance auf Rot- oder Rehwild hatten sie heute aber nicht.

Am nächsten Morgen weilte Jagdinspektor Nikolai wieder unter uns. Ich fuhr mit Nikolai Sergejewitsch im Jeep los, setzte ihn an einem kleinen Weg ab und fuhr 5 km weiter, um hier auf ihn zu warten. Nach zwei Stunden traf er ein, ohne etwas gesehen zu haben.

Dafür hat der Jagdinspektor wieder zehn Schüsse auf einen Hirsch abgefeuert, ohne getroffen zu haben. Wie so oft, hatten wir davon nichts gehört. Die völlig unregelmäßigen Gebirgszüge in der ostsibirischen Taiga verschluckten den Schall. Wir brachen nach dem Mittag auf und reisten zurück nach *Irkutsk*. Ich träumte manchmal davon, meine Bockbüchsflinte mit Zieloptik dabei zu haben, um sichere Schüsse abgeben zu können. Aber so lerne ich andererseits die hiesigen Bedingungen besser kennen.

Erbogatschon – das Hundedorf

Wieder angekommen in *Irkutsk* fanden wir eine Nachricht vor, dass wir am nächsten Morgen mit Anatoli Wladimirowitsch Geiz, dem Jagdhundespezialisten der Fakultät, nach *Erbogatschon* zu den *Ewenken* fliegen sollten. Dieses Dorf liegt 1.500 Kilometer nördlich von *Irkutsk* an der *Tunguska*. Mir sollte es nur recht sein. In der Fakultät konnte ich immer noch sitzen. Wir hatten kaum Zeit, einige Produkte zu organisieren und die Wäsche zu wechseln, Post zu lesen und einige Briefe zu schreiben.

Um 8 Uhr waren wir am nächsten Morgen auf dem Flugplatz, starteten aber erst um 10 Uhr. Daran musste man sich gewöhnen. So pünktlich die Züge auf den Bahnhöfen sind, so unpünktlich sind die Flugzeuge auf den Flughäfen. In *Kirensk* aßen wir während einer Zwischenlandung Mittag und flogen danach weiter – zuerst entlang der *Lena* und dann längs der niederen *Tunguska*. Mit uns an Bord war der erste Parteisekretär des Gebietes, in das wir wollten. Der Empfang in *Erbogatschon* um 14 Uhr war überaus herzlich. Wir mussten gleich noch einmal Mittag essen und fuhren dann mit einem von Rentieren gezogenen Schlitten ins Gasthaus. Dort legten wir eine zweistündige Schlafpause ein, um uns von den Strapazen des Fluges zu erholen. Später gingen wir in die *Katanski*-Jagdwirtschaft, um uns allgemein zu informieren.

Diese Jagdwirtschaft umschloss 13 Millionen Hektar, wurde 1965 gegründet, mit der größten Nord-Süd-Ausdehnung von 1.200 km.

Verwaltungsgebäude der Jagdwirtschaft Erbogatschon

Das war aber doch wohl zu groß, so dass sie 1969 geteilt wurde und jetzt 7,2 Millionen Hektar umfasste. Sie hatte vier Abteilungen: Jagdwirtschaft – Rentierwirtschaft – Landwirtschaft – Sonstiges. Unter die letzte fielen Fischerei, Waldbeeren, Zedernnüsschen usw. 40 Prozent des Erlöses wurden durch Pelztiere und 45 Prozent durch Landwirtschaft erreicht. Der Betrieb besaß 1.300 Rentiere und 350 Kühe. Jährlich wurden von 120 Berufsjägern folgende Pelztiere erlegt: 16.700 Bisam, 5.200 Eichhörnchen, 1.200 Zobel. Das ergab einen Pelzerlös von 12 Rubeln/1.000 Hektar. Das Gesamtjahresumsatz betrug 450.000 Rubel.

Die Taiga hatte innerhalb des Betriebsbereiches folgende Baumartenverteilung: 52 Prozent Lärche, 30 Prozent Brandfläche, 2 Prozent Sibirische Zirbelkiefer. Das sorgte für eine relativ geringe Pelztierdichte. Sechs Brigaden mit je zwei Jägern betreuten die Rentiere. Die Jagd wurde in diesem Betrieb ausschließlich mit Hunden und Gewehren ausgeübt. Jagdlich wurden nur etwa 40 Prozent des Gebietes genutzt. An Fisch wurden jährlich etwa 125 dt gefangen.

In *Erbogatschon* lebten nur Jäger mit ihren Familien, etwa 2.000 Personen. Die Grundlagen für den Berufsjäger wurden bereits in der Schule gelegt. Die Biologie der Tierarten, aber auch die Jagd- und Fangmethoden waren Lehrstoff. Die Rentiere wurden damals zunehmend an Geologen vermietet, die Erkundungsexkursionen in die Taiga unternahmen. Andere Transportmöglichkeiten gab es in vielen Gebieten nicht. Ein Rentier kann etwa 120 bis 130 kg tragen. Die tief ge-

Die Welpen werden bei -50 Grad im Freien geboren

**Oben: In Erbogatschon ist es schwierig, jemand ohne Hund anzutreffen.
Rechts: Am Baum vom Jäger angebunden, wird die Laika im Schnee übernachten**

spaltenen Hufe erleichtern ihnen das Fortkommen auf sumpfigen Boden oder im Pulverschnee. Pro Monat mussten für 10 Rentiere etwa 250 Rubel Miete gezahlt werden. 100 weibliche Rentiere bringen etwa 60 Kälber zur Welt. Voll gepfropft mit Daten gingen wir wieder ins Gasthaus und verbrachten eine ruhige Nacht.

Nebel und -50 Grad erwarteten uns am nächsten Morgen. Wir mussten wieder 200 g Wodka zum Frühstück trinken, da wir in die Taiga fahren wollten, in Gebiete, in denen es noch kälter werden konnte. Zunächst machten wir aber einen Rundgang durch das Dorf. Es gab Hunde über Hunde, die auf den Wegen umherliefen. Mehrfach sah ich vor Häusern Hündinnen

Typische Erwenken-Kleidung, rechts aus Hunde-, links aus Rentierfellen

mit kleinen Welpen sitzen. Riesige gelbe Säulen waren die ausgewiesenen Stammbäume.

Unser einheimischer Begleiter, ein Diplomjagdwirt, klärte uns auf, dass es insgesamt 3.000 Hunde hier gibt. Anatoli, unser *Irkutsker* Hundespezialist ergänzte: „Die Hunde werden hier nur zum geringsten Teil aus jagdlichen Gründen gehalten. Beim Haarwechsel wird ihnen das Fell ausgekämmt. Die Haare werden mit dem Spinnrad zu

Auf dem Rentierschlitten unterwegs

Fäden gedreht, aus denen Strümpfe und Pullover gestrickt werden."
– „Aber wie können so viele Hunde ernährt werden?", fragte ich den einheimischen Jagdwirtschaftler. „Ausschließlich mit Fisch oder den Kernen der gefangenen Pelztiere. Wie wir die Fische fangen, werdet ihr noch sehen. Für die Jäger gibt es hier mit ihren Hunden einige Schwierigkeiten. Wenn einer aus der Taiga zurückkommt, um Lebensmittel oder Pulver zu holen, muss er ein bis zwei Tage Aufenthalt einplanen. Solange brauchen seine Hunde, um im Dorf die Runde zu drehen und alle anderen zu begrüßen. Wenn läufige Hündinnen im Dorf sind, dauert es länger. Er findet seine Hunde nicht. Alle Hunde übernachten im Freien. Auch die Hündinnen bekommen ihre Welpen im Freien."

Wir besichtigten im Dorf die Schule, eine Bibliothek, ein Kulturhaus und eine Arztstation. Elektrischer Strom wurde mit Aggregaten erzeugt. Zweimal in der Woche gab es Filmvorführungen. Fernsehen war unbekannt. Nach dem Mittagessen nahmen wir unsere Schlafsäcke und gingen zum Fluss, wo schon zwei Rentierschlitten auf uns warteten. Mit uns fuhr einer der verantwortlichen Diplomjagdwirtschaftler, der bei Anatoli in *Irkutsk* Vorlesungen gehört hatte. Jeder von uns erhält eine *Toluba*, in die wir uns einmummelten. Die Rentiere zogen die Schlitten in ständigem Trab auf dem gefrorenen Fluss

Überall empfängt uns eine herzliche Gastfreundschaft

Oben: Reusenflügel aus Weidenhölzern. Unten: Reusen aus Weiden

entlang. Ich hatte den Eindruck, dass der Fahrtwind die -50 auf -60 Grad hochtrieb. Glücklicherweise hat die *Toluba* einen hohen Kragen, der den Kopf überragte und weit nach vorne reichte, so dass mit etwas Geschick nur noch die Augen herausguckten. Die 200 g Wodka zum Frühstück hatten vielleicht doch ihre Berechtigung.

Ab und zu legten die Rentiere eine Pause ein, in der sie Schnee fraßen. Sie müssen dann von einem *Ewenken* einige Meter am Kopf geführt werden. Dann ermunterte er sie wieder zum Laufen und ließ sich selbst schnell auf den Schlitten fallen. Geführt wurden sie mit einer langen Stange. Bei diesen Zugtieren handelte es sich meistens um kastrierte Hirsche mit Bastgeweih, da sie ruhiger sind. Am letzten

Schlitten waren drei schwächere Rentiere angebunden, deren Aufgabe ich erst später erfuhr. Auf der *Tunguska* befand sich eine glatte Eisschicht, wenigstens auf einer Seite. So musste die Flussseite öfter gewechselt werden.

Nach einer halben Stunde hielten wir an, um die im Eis stehenden Reusen zu besichtigen. Ich hatte mir vorgestellt, dass der Fluss bei diesen Temperaturen bis auf den Grund zugefroren wäre. Das stimmte aber nicht. Im Eis standen trichterförmig angeordnete eingefrorene Weidenruten dicht an dicht als Reusenflügel mit einer Länge von 10 bis 15 m. Im Trichter selbst hing ein aus Weidenzweigen geflochtener Reusenkorb, in den die Fische hinein- aber nicht hinausschwimmen konnten.

Die *Ewenken* zeigten uns, wie man den Korb mit wenigen Axtschlägen aus dem Eis hackt und ihn dann leicht herausnehmen kann. Auf der Fahrt zählte ich rund 50 Reusen, an denen wir vorbeifuhren. Einmal in der Woche wurden die Reusen geleert und der Inhalt an Mensch und Hund verteilt. Unsere beiden *Ewenken*, die als Kutscher im Schlitten saßen, hatten ihre typische Kleidung angelegt. Bei dem einen waren sie aus gestrickten Hundehaaren und -fellen gefertigt, während der andere ausschließlich aus Rentierfellen genähte Sachen anhatte. Sie trugen originelle Fellmützen auf dem Kopf, von denen sie uns abends je eine schenken.

Schließlich erreichten wir nach zwei Stunden Fahrt eine Jagdhütte, die sogar mit einem größeren Glasfenster versehen war. Die Rentiere wurden ausgespannt und an den Vorderläufen zusammengebunden, damit sie nicht weglaufen können. Sie ästen sofort die an den Bäumen hängenden langen Flechten. Anatoli, Imrich und ich legten unsere Sachen in die Jagdhütte und gingen wieder nach draußen, wo bereits ein größeres Feuer brannte, das von einem Voraustrupp zeitig genug entfacht wurde.

Ein *Ewenke* band eins der mitgeführten schwächeren Rentiere los und führte es zum Feuer. Zwei andere *Ewenken* hielten das Rentier und drückten ihm den Kopf herunter. Der Dritte stach ihm mit einem langen spitzen Messer ins Hinterhauptsloch, so wie deutsche Jäger Rehwild abfangen. Blitzartig brach das Rentier tot zusammen. Sofort wurde die Halsschlagader geöffnet und das Blut in einem Eimer aufgefangen. Es wurde in Bechern an die Jäger verteilt. Anatoli, Imrich und ich lehnten ab. Die vier *Ewenken* freuten sich, da sie nun mehr Blut trinken konnten.

In professioneller Geschwindigkeit wurde das Rentier aufgebrochen und aus der Decke geschlagen. Die Innereien wurden auf schräg über das Feuer gesteckte Ruten gespießt, um dort zu braten. Das Brustbein wurde herausgetrennt, zerhackt und in einen bereits über dem Feuer hängenden Eimer mit heißem Wasser geworfen. Die übri-

Mit einem Stich ins Hinterhauptloch wird das Rentier getötet

gen Fleischteile wurden auf Stöcke gespießt und ans Feuer gebracht. Das alles dauerte keine halbe Stunde. Sie waren ein eingespieltes Team. Nun hockten sie am Feuer und warteten auf das Garen von Fleisch und Suppe.

Wir zogen uns in die Jagdhütte zurück, tranken Tee, erzählten und warteten. In der Hütte standen drei Betten, ein Tisch und vier Stühle oder Hocker. Es war sehr schön warm geheizt, angenehm und bequem. Nie wieder sah ich in Sibirien so eine einfache, aber angenehme Jagdhütte. Viel trugen dazu das Glasfenster und die eindringende Helligkeit bei. Das alles ließ auf einen gewissen Gästebetrieb schließen. Nach einer Stunde kam unser Begleiter mit den ersten Essenportionen. Zunächst wurde die sehr schmackhafte Suppe mit Stücken des Brustbeins gereicht. Dann servierten unsere Gastgeber das gebratene Fleisch mit Brot.

Als ich kurz nach draußen ging, sah ich, dass die *Ewenken* von dem am Feuer bratenden Fleisch immer die durchgebratene Außenschicht abschnitten und auf einen Teller legten. Von den Innereien war nichts mehr zu sehen. Sie mussten diese wohl halb roh selbst verzehrt haben. Sie saßen nach wie vor in der Hocke am Feuer und redeten miteinander, aber nicht russisch. Die Sprache kannte ich nicht. Ich wollte einige Worte mit ihnen reden, aber sie verstanden mich nicht oder wollten mich nicht verstehen.

Auch das gebratene Rentierfleisch war sehr zart und schmeckte hervorragend. „Das Essen ist reichlich trocken. Wir müssen uns dazu den sibirischen Taigatrunk gönnen", sagte unser Begleiter, ging nach

Zunächst wird geschächtet, dann das Rentier in Windeseile zerwirkt

draußen und kam mit vier Wassergläsern zurück, die mit einem gelblichen perlenden Inhalt gefüllt waren. „Nasdorowje!" Wir hoben die Gläser, sahen einander fragend an und probierten. „Sehr gut! Das ist Schampanskoje", sagte Imrich. Es schmeckte tatsächlich wie Sekt, hatte aber irgendeinen Untergeschmack, den ich nicht definieren konnte. Da wir durstig waren, tranken wir zügig aus. Sofort gingen bei mir die Warnleuchten an, da mir im ganzen Körper warm wurde, was ich bei Sekt noch nie erlebt hatte. Ich sah Anatoli an. Er lächelte, sagte aber nichts. „Haben wir davon noch mehr?" fragte Imrich.

Erneut ging unser Jagdwirtschaftler nach draußen und kam mit gefüllten Gläsern wieder. Nach der Leerung des zweiten Glases sag-

Ein Ewenke wartet auf das Garen des Fleisches

te ich zu ihm: „Na, wir können den Taigatrunk ja auch direkt hier in der Hütte herstellen." Er ging hinaus, holte eine Sekt- und eine Wodkaflasche herein und füllte die Gläser im Verhältnis 1:1. Wir lachten, tranken trotzdem weiter, aber in wesentlich maßvolleren Schlucken. Dazu aßen wir ungeheure Mengen von Fleisch, das immer wieder neu hereingebracht wurde. Nach gut einer Stunde und dem fünften Glas des Taigatrunks war mein Bedarf gedeckt. Ich konnte mich kaum noch auf den Beinen halten. „Entschuldigt Kinderchen, ich muss erst einmal etwas schlafen", lallte ich und torkelte zu meinem Bett. Imrich erhob sich wortlos, torkelte ebenfalls zu meinem Bett und wollte sich aus alter Gewohnheit des Übernachtens in vielen Jagdhütten mit in mein Bett legen. Mit Müh und Not konnte ich ihn auf das Nachbarbett schieben, wo er sofort, so wie er war, umfiel und zu schnarchen begann. Ich schaffte es aber noch in meinen Schlafsack. Mehr sah und hörte ich nicht. Es musste erst gegen 21 Uhr gewesen sein.

Als Frühaufsteher wachte ich um 7 Uhr auf. Am Fenster war ein Rentierkopf zu sehen. Imrich und Anatoli schnarchten in ihren Betten. Imrich lag im Schlafsack (!), unser Begleiter auf dem Fußboden auf Rentierfellen. Wo er die so schnell hergeholt hatte? Mit dickem Kopf trat ich vor die Tür. Die vier *Ewenken* hockten immer noch am Feuer und erzählten. Von dem gesamten Rentier waren nur noch einige große Knochen am Feuer übriggeblieben. Wir hatten leider keine Hunde dabei. Aber über dem Feuer hing an einem Gestell noch ein mit einem Deckel abgedeckter Wassereimer, in dem sich heiße Suppe mit reichlich Fleisch befand. Die Ewenken hatten die ganze Nacht über die Reste des Rentierfleisches verzehrt.

Ich setzte mich zu ihnen. Einer holte mir einen Teller und füllte Suppe ein, die ich genüsslich und langsam aß. Sie schmeckte jetzt noch besser als am Abend vorher. Ein anderer sprach russisch mit mir. Ich merkte bald, dass alle russisch verstanden. „So eine Gelegenheit haben wir selten. Es kommt nicht oft vor, dass man so viel Fleisch essen kann. Viel öfter müssen wir ein, zwei oder auch drei Tage hungern, wenn uns auf der Jagd die Vorräte ausgehen." – „Habt ihr dazu auch Taigatrunk genommen?", fragte ich. Die Ewenken grinsten. „Nein, der Sekt war nur für euch." Ich musste lachen, da mir klar wurde, dass sie nur Wodka getrunken hatten, offensichtlich aber in geringeren Mengen, da sonst mehr Fleisch übriggeblieben wäre.

Die *Ewenken* erzählten mir, dass sie in der Taiga nicht in Jagdhütten übernachten, sondern in speziellen Zelten. „Wir können uns nicht an bestimmte Jagdgebiete binden, da die Taiga hier relativ pelztierarm ist. Wenn es dunkel wird, müssen wir dort, wo wir gerade jagen, übernachten. Eine Rückkehr zur Jagdhütte wäre zu aufwändig. Dafür müssen wir alles, was wir brauchen, am Mann haben. Das Essen ist daher bei uns während der Jagd immer knapp, da wir die

Ein Rentier schaut am Morgen durchs Fenster

Jagdbasis des Jagdbetriebes Erbogatschon

Beute auch mitnehmen müssen." Nach und nach kamen nun die anderen drei Hüttenbewohner auch an das Feuer und schlürften die Frühstückssuppe. Danach wurde Tee gereicht.

In den Jagdhütten ist es meistens so, dass in speziellen Gefäßen ein Teesud hergestellt wird. Von dem bekommt man einen Schuss in seinen Becher, den man mit kochendem Wasser auffüllt. Vier, fünf, manchmal auch mehr Aufgüsse müssen die Teeblätter über sich ergehen lassen. Es ist erstaunlich, dass der Sud nach so viel Aufgüssen immer noch wie Tee aussieht. Der Geschmack lässt allerdings stark nach.

Das Frühstück am Feuer zog sich bis zum Mittag hin, dann traten wir die Rückfahrt an. Wir hatten wieder herrlichen Sonnenschein. An der *Tunguska* war es morgens offenbar neblig gewesen, denn dicker Raureif hing an den Zweigen und verwandelte die Landschaft in ein Wintermärchen. Es war wärmer geworden. Die Temperatur lag nur noch bei -40 Grad. In unserem Quartier erholten wir uns zwei Stunden und trafen dann im Betrieb mit der Leitung und einer Auswahl von Jägern zusammen, die gerade in *Erbogatschon* weilten. Wir berichteten über die Jagd in unseren Heimatländern und hatten aufmerksame Zuhörer, die sich aber die Enge der Räume und Landschaften nicht vorstellen können. Anschließend lud uns der Betriebsleiter zu sich nach Hause ein. Es begann mit einem Saunabesuch. Die aus Holz gebaute Sauna stand hinter seinem Haus. Wir gingen in Bademänteln barfuss im Schnee 15 Meter über den Hof. Die großzügig gebaute Sauna war blitzsauber. Zwischen den Saunagängen peitschen wir uns mit Birkenzweigen auf Rücken und Bauch. Zur Abkühlung gingen wir hinter die Sauna und begossen uns jedes Mal mit einem Eimer kalten Wassers.

Zum Abendessen gab es eine Reihe von Spezialitäten: gefrorenen rohen Fisch, gelierte in Scheiben geschnittene Elchmuffel (Vorderteil der Nase) und Auerhahnfrikassee. Dazu kamen verschieden Sorten *Warenje*, Preißelbeersaft, Tee, Wodka und Cognac. Von letzterem tranken wir aber „nur" zwei volle Wassergläser. Kurz nach 22 Uhr lagen wir im Bett. Ich hatte hohes Schlafbedürfnis, kam aber erst spät zur Ruhe, da ich erst die vielfältigen Eindrücke der letzten zwei Tage verarbeiten musste.

Am Tag unserer Abfahrt besuchten wir noch einmal die Schule, sprachen mit Lehrern und Ärzten, die alle nett und freundlich waren und sich freuten, einmal fremde Leute zu sehen. In der Musikschule spielten uns die Schüler auf ihren Instrumenten russische Volksmusik vor. Ein gemeinsames Mittagessen mit dem Direktor beendete unseren Aufenthalt an diesem gastfreundlichen Ort. Wir umarmten uns, stiegen in das Flugzeug und landeten um 19 Uhr wieder in *Irkutsk*.

Zwei Tage später, am 6. März musste Imrich seine Koffer packen. Am Tag seiner Abreise veranstalteten wir eine große Abschiedsfeier bei Ludmilla Iwanowna. Der Abschied fiel ihm schwer. Er versuchte, dies mit Wodka zu vertuschen. Wir umarmten uns und schoben ihn um 18 Uhr ins Flugzeug. Dann fuhren wir wieder zu Ludmilla und feierten meinen Neubeginn als Einzelkämpfer. Nikolai Sergejewitsch beendete den Abend mit den Worten: „Christoph Iwanowitsch, jetzt beginnt ein neues Programm, es wird wissenschaftlicher, alles wird einfacher, du kannst mir methodisch sehr helfen." Im Stillen ergänzte ich: *budjet*.

Es wird wissenschaftlich

Nikolai Sergejewitsch hatte es angekündigt: Jetzt sollte die Wissenschaft mehr in den Vordergrund treten. Tatsächlich bekam mein Aufenthalt in *Irkutsk* nun eine gewisse Wende. Ich verfasste in wenigen Tagen das Gutachten zur Dissertation über die *Baikalrobbe*, präparierte und vermaß Rehwildschädel und konzipierte mit *Mark Smirnov* eine gemeinsame Arbeit über die Körpergröße des *Europäischen* und *Sibirischen Rehwildes*. Es folgte eine Unterredung mit einem Aspiranten, der eine Arbeit über das Rehwild im Amurgebiet anfertigte. Er erzählte mir, dass dort die Rehböcke im Durchschnitt aufgebrochen mit Haupt 45 kg wiegen. Für Lonja las ich einige ausländische Arbeiten über Murmeltiere. Einige Male besuchte ich *Timofejeff*, der immer Neuigkeiten aus der Taiga wusste.

In der DDR hatten wir im Wildforschungsgebiet Spree unter Leitung von *Siegfried Bruchholz* eine Auerwildzuchtanlage aufgebaut. Dabei hatte uns der Wissenschaftler *Sergei Pawlowitsch Kirpitschov* aus *Moskau* maßgebend unterstützt und die lebenden Auerhühner in der Taiga gefangen und mit dem Flugzeug nach Berlin gebracht. Er war ein ausgesprochener Auerwildspezialist, hatte viel in Sibirien gearbeitet und war mit lebenden Auerhühnern große Strecken im Flugzeug unterwegs, um ihr Verhalten während dieser Flüge zu studieren.

Von ihm übernahmen wir zunächst ein Verfahren zur Auerwildzucht, das wir aber später unter maßgeblicher Mitarbeit von W. *Tschirch* in einigen Punkten ändern mussten, da die Umwelteinflüsse bei uns anders waren als in Sibirien. Mit Sergei Pawlowitsch nahm ich nun auch brieflichen Kontakt auf, da ich mit ihm einen gemeinsamen Taigaaufenthalt während der Balzperiode des Auerwildes im Mai verabredet hatte. Davon unterrichtete ich Nikolai Sergejewitsch, der mich merkwürdig ansah, dann aber *budjet* murmelte. Für Lonja schrieb ich einige deutsche Briefe, z.B. an Prof. *Müller-Using*, Prof. *Bernhard Grzimek* und andere Kollegen, die ihm aus der Literatur bekannt waren.

Auf Moschustiere in die Taiga

Semjon Klimowitsch Ustinov, der Leiter der ostsibirischen Abteilung des Allunionsinstituts für Ökologie und Morphologie der Tiere, war ein hervorragender Kenner der Taiga rings um den *Baikal*. Er wurde daher später auch Leiter des *Bargusinsker* Naturschutzgebietes. Er war ein hoch aufgeschossener, sehr sachlicher, enorm hilfsbereiter Wissenschaftler, durch und durch Jagdpraktiker, der die Gefahren der Taiga kannte und möglichst wenig Risiko einging. Als ich Ende März wieder einmal *Timofejeff* aufsuchte, traf ich dort auch *Semjon Klimowitsch*, der mir mitteilte, dass er mit mir Morgen für einige Tage in die Taiga fahren wird, um nach Moschustieren zu schauen. Ich kannte ihn zu gut, um dies für einen Spaß zu halten. Lonja besorgte mir eine Fahrkarte für die Eisenbahn. Der Bestimmungsort war diesmal nur 85 km entfernt.

Um 8 Uhr des folgenden Tages war ich auf dem Bahnhof und traf *Semjon Klimowitsch* bereits im Zug an. Um 11 Uhr stiegen wir am Haltepunkt „Kilometer 270" aus und gingen zu Fuß weiter. Nach einer kurzen Mittagspause erreichten wir gegen 14 Uhr eine primitive Jagdhütte. Wir legten unser Gepäck ab und erkundeten die Umgebung. Ich erhoffte mir, von Semjon viele Dinge über das Moschustier zu erfahren, da ich dieses relativ kleine Säugetier nicht kannte. Wir sahen auch bald erste Fährten im Schnee, stellen noch zwei Zobelfallen, dann wurde es auch schon dunkel. Ich heizte den Ofen. Semjon kochte Tee und briet *Omul*, den gut schmeckenden *Baikalfisch*, den er im Gepäck mitgebracht hatte.

Die Nacht verlief unbequem. Wir mussten auf schlecht gebauten, harten Holzpritschen schlafen. Semjon hatte keinen Schlafsack mit, sondern legte sich in voller Ausrüstung neben mich. Er fror und musste zweimal nachts aufstehen, um zu heizen. Am nächsten Morgen ging er zurück zum Bahnhof, um seinen Sohn abzuholen. Er wies mich in ein gut zehn Kilometer entfernt liegendes Felsgebiet ein, in dem es Moschustiere geben sollte. „Wenn dich ein Bär frisst, finde ich Deine Spuren im Schnee und kann Meldung machen", lachte er und stiefelte in aller Frühe davon.

Ich hielt mich auch nicht mehr lange auf, sondern marschierte noch in der Dämmerung los. Vor einem Verlaufen hatte ich keine Angst, da ich meine Spuren im Pulverschnee gut sah. Ich nahm ein Stück Brot mit, Tee, ein Stück Zuckerhut und einen kleinen Wasserkessel. Streichhölzer hatte ich immer am Mann. Als ich etwa einen Kilometer gelaufen war, kontrollierte ich meine Flinte, ob sie geladen ist und stellte fest, dass ich die übrige Munition in der Jagdhütte vergessen hatte. Ich musste wohl oder übel zurück. Zehn Schuss sollte man schon in der Tasche haben. Dann ging es erneut los.

In der Zwischenzeit war es hell, ich stapfte langsam durch den Pulverschnee und entdeckte zunächst keine Fährte. Zum ersten Mal war ich ganz alleine in der Taiga, auf mich selbst angewiesen und musste selbst entscheiden, wie und wohin ich gehe. Das war schon ein erhebendes Gefühl in einem solch riesigen Gebiet. Ich lief zwischen hoch aufragenden Felsklippen und kleinen Baumbeständen in die mir empfohlene Richtung. Ab und zu erklomm ich eine Felsgruppe, um einen Überblick zu erhalten. Mir wurde klar, dass noch kein Ausländer seinen Fuß in dieses Gebiet gesetzt hatte. Semjon sagte mir am nächsten Tag, dass es viele Gebiete gibt, in denen noch nie ein Jäger war.

Es war ein herrlicher Sonnentag, von Wildtieren jedoch nichts zu sehen. Gegen Mittag machte ich an einer günstigen Stelle, an der ausreichend Dürrholz lag, eine Pause. Schnell hatte ich ein kleines Feuer entfacht, Schnee in den Kessel gefüllt und bald kochte das Wasser. Ich genoss den süßen Tee, das trockene Brot und beschloss dann, nicht weiter zu laufen, sondern lieber eine etwas andere Rückroute zu wählen. Ich hatte mir einige markante Klippen gemerkt, an denen ich mich gut orientieren konnte. An einer Altkiefer entdeckte ich alte Kratzspuren von einem Bären und etwas Unterwolle seiner Decke. Möglicherweise stammten sie vom Sommer des vorhergehenden Jahres. Gut vorstellbar, dass es in dieser felsigen Gegend Bärenhöhlen gab. Ich fasste unwillkürlich nach meinem Gewehr, obwohl ich wusste, dass die Braunen in dieser Zeit noch im Winterlager waren. Aber es würde nicht mehr lange dauern, bis sie herauskommen.

Wir hatten immer noch etwa -35 Grad. Ich spielte gedanklich durch, was ich machen würde, wenn mich ein Bär angreift. Ich hatte schon einige Male die alten erfahrenen Jäger danach gefragt und immer wieder die gleiche Antwort erhalten: „Nicht zu weit schießen. Den Bär bis auf fünf Meter herankommen lassen. Wenn er sich aufrichtet, beide Schüsse auf die Brust setzen, nicht auf den Kopf, denn dieser ist zu klein und keilförmig, da kann eine Kugel abgleiten. Dann sofort nachladen und erneut schussbereit sein." Da musste man schon eiserne Nerven haben. Ich wusste als Jäger aber, dass solche Ereignisse in der Praxis oft anders und schneller ablaufen. Ich hatte für solche Fälle den rechten Lauf mit grobem Schrot (Posten) und den linken mit einem selbstgeschnitzten Flintenlaufgeschoss geladen. Ich hoffte nur, dass ich im Ernstfall daran denke, dass die Hähne gespannt werden müssen. Denn von zu Hause war ich einen Selbstspanner gewohnt!

Mit solchen Gedanken behaftet, verliert man den Blick für die Umwelt. Plötzlich strich ein riesiger Greifvogel vor mir über die Klippen. Das musste ein Adler gewesen sein. Ich hatte leider keine Einzelheiten erkannt. Ich vermutete ein Stück Fallwild in der Nähe, suchte alles ab, fand aber nichts. Ich lief weiter und stieß plötzlich auf eine starke Fährte, dachte sofort an Bär, bemerkte dann aber, dass es meine eigene von heute morgen war. Nun schritt ich zügig aus und gelangte bald zur Jagdhütte, wo Semjon und sein Sohn bereits auf mich warteten.

„Was hast du gesehen?", fragte er mich neugierig. „Einen großen Vogel, eine alte Bärenmarkierung und keine Fährte. Ist das Gebiet wildleer?", fasste ich mehr fragend als feststellend meine Eindrücke zusammen. „Komm trinke einen Tee, iss ein Brot, und dann machen wir uns nochmal auf." Wir hatten etwa noch zwei Stunden bis zur Dunkelheit und gingen jetzt zu dritt in eine völlig andere Richtung. Semjon erklärte mir unterwegs an einigen Stellen, dass er hier früher immer Moschustiere beobachtet hat. Aber auch hier zeichnete sich keine Fährte irgendeines Tieres im Schnee ab. Im Dunkeln trotteten wir zurück. In der Hütte wurde geheizt, Tee getrunken, Fisch, Käse und Brot gegessen, und dann ging es auf die Schlafbank. Semjon war kein Freund langen Erzählens. Um 20 Uhr wurde die Kerze ausgeblasen.

Die Nacht verlief erwartet schlecht. Wir wälzten uns hin und her und hatten zu dritt auch wenig Platz auf der Pritsche. Um 6 Uhr war die Nacht glücklicherweise zu Ende. „Heute kommt der große Gang", kündigt Semjon an. Um 8 Uhr brachen wir auf und zogen in zügigem, angenehmem Tempo im Gänsemarsch los: Semjon an der Spitze, ich

Bäume aller Altersklassen in der Taiga

im Gefolge, sein Sohn bildete die Nachhut. Semjom kannte sich ausgezeichnet aus, war offensichtlich schon oft hier unterwegs gewesen. Wir sahen ein Haselhuhn und fanden frische Fährten von Rotwild und Moschustieren. Diese verfolgten wir vorsichtig. Semjon bestieg ab und zu eine Klippe, um einen Blick ins Umfeld zu werfen. Wir kamen jedoch nicht an irgendein Stück Wild heran.

Mittags pausierten wir gut eine Stunde am Feuer. Das war dringend notwendig, da wir alle drei klatschnass geschwitzt waren. Nach dem Mittag ging es im weiten Bogen wieder zurück zur Jagdhütte.

„Das habe ich mir heute anders vorgestellt, ich brauche dringend Fleisch", stöhnte Semjon. Jetzt wurde mir klar, warum er seinen Sohn in die Taiga bestellt hatte. Er sollte uns beim Abtransport von erlegtem Wild helfen. Ich erinnerte mich an das, was ich bisher bei solchen Aktionen erlebt hatte und war froh, dass wir nichts erlegt haben. In der nächsten Nacht wurde es sehr windig, das Wetter schlug um. Morgens hatten wir nur noch höchstens -5 Grad. Wir empfanden es als sehr warm.

Wir warteten auf einen Jäger, der uns Neuigkeiten über Wildvorkommen überbringen sollte. Als dieser nicht kam, blies Semjon Klimowitsch zum Rückmarsch. „Bei dieser Wetterlage ist die Jagd sinnlos. Wahrscheinlich ist der Jäger auch deshalb nicht gekommen", schlussfolgerte er. Am Nachmittag marschierten wir ab, saßen gegen 20 Uhr im Zug und ich traf schließlich um Mitternacht wieder im *Irkutsker* Wohnheim ein. Die einzige Chance, mit Moschustieren zusammenzutreffen, war ergebnislos verstrichen. Trotzdem blieb es für mich eine erfolgreiche Tour, da ich mich erstmals längere Zeit alleine in der Taiga aufgehalten hatte. Ich musste trotz der fortgeschrittenen Zeit noch eine Generalreinigung vornehmen, da wir unseren Körpern in der Taiga keinen Wassertropfen gegönnt hatten.

In der darauffolgenden Woche traf ich bei Semjon Klimowitsch *A. N. Lawrow*, einen seiner Mitarbeiter, der viel über die Wechselbeziehungen zwischen Beutegreifern und Schalenwild gearbeitet hatte. Nach seinen Untersuchungen hat der Luchs keinen selektiven Einfluss auf das Rehwild. Er nimmt jedes Reh, das leicht zu bekommen ist, da er nicht hetzt. Der Wolf übt dagegen großen Einfluss auf die Rehwildpopulation aus, da er die schwächsten zuerst reißt. Er berichtete mir, dass 1957 in *Golousnoje*, dem Jagdgebiet der Hochschule, viele Wölfe, aber wenig Luchse vorhanden waren. Durch intensive Bejagung wurde dann der Wolfsbestand fast vollständig vernichtet. Danach erfolgte eine starke Vermehrung des Luchses, in deren Folge der Rehwildbestand stark abnahm. Wolf und Luchs gehen sich aus dem Weg. Gewöhnlich kommt der Wolf in der Rehwildregion vor. Der Luchs geht gerne in höhere Lagen und bevorzugt hier Moschustiere.

Bärengeschichten

Ende April besucht mich in der Fakultät *Boris Iwanowitsch*, ein Mitarbeiter der Bezirksjagdverwaltung, den ich bereits von früheren Begegnungen gut kannte, und fragte mich, ob ich Lust hätte, eine Flugzeugzählung von Bären am *Baikal* mitzumachen. Im Frühjahr, wenn die Braunen aus dem Winterlager kommen, zieht es sie an das Ufer des riesigen Sees, wo sie tote *Baikalrobben* oder Fische finden. Die Südhänge am *Baikal* bieten aber auch erste vegetarische Kost in Form von Frühjahrsblühern, die von den Bären gerne aufgenommen werden. Von der Luft aus ist es somit leicht, einen guten Überblick über den Bestand *Pribaikaliens* zu erhalten. Bei gutem Wetter sollen einige hundert Bären zu sehen sein. Bezüglich dieser Angaben hegte ich Zweifel, aber es war keine Frage, dass ich mich an dieser Aktion beteiligen wollte.

Der Haken war nur, dass es schon am nächsten Tag losgehen sollte, falls das Wetter passte. Auch das war für mich kein Problem, da ich im Bereich *Irkutsk* keine weiteren Genehmigungen für so eine Exkursion benötigte. Um 8 Uhr wollten wir uns auf dem Flugplatz treffen. Es sollte mit einem Hubschrauber losgehen. Geplant war eine Tagesaktion. Wenn viele Bären da sind, müsste ein Tag drangehängt werden. Ich steckte mir etwas Notverpflegung ein und traf pünktlich auf dem Flugplatz ein. Boris und der Pilot warteten schon, und nachdem mit Juri ein dritter Kollege eingetroffen war, hoben wir ab.

Das Wetter war hervorragend, -10 Grad, kein Wind, die Sonne schien. Der Pilot steuerte das südliche Ufer an. Wir wollten an der Uferkante in etwa 250 Meter Höhe nach Norden fliegen, bis wir an zugefrorene Teile kommen. Weil dort keine Bären zu erwarten waren, wollten wir dann beidrehen und auf der anderen Uferseite zurückkommen. Gerade machte Boris mich auf einen Bären aufmerksam, der über einen steilen Abhang bergauf wechselte, als der Pilot nach unten geht und auf einer Halbinsel mitten auf einer Grünfläche landete und den Motor abstellte. „Frühstück", rief er uns zu und verschwand hinter Büschen, weil er aus der Hose musste. Es war gerade erst 9 Uhr. Ich schaute Boris verwundert an. Er zuckte mit den Schultern. Wir stiegen aus, sammelten trockenes Holz, entfachten ein Feuer und kochten Wasser, um Tee aufzubrühen.

Das Wasser kochte noch nicht, als wir aus dem Funkgerät des Hubschraubers eine Stimme hörten. Der Pilot wurde dringend gebeten, sich zu melden. Er lief zum Helikopter und winkte dann Boris zu sich. Mit hängendem Kopf kam dieser wieder zurück. In der Zwischenzeit hat der Pilot die Tür geschlossen, startete die Maschine und flog von dannen. Boris hob die Hände: „Der hat den Befehl bekommen, sofort abzubrechen, weil er mehrere Personen zu einem Taigabrand bringen soll. Danach kommt er wieder."

Wir listeten unsere Essensvorräte auf, die nicht sehr üppig waren. Boris hatte Trockenfisch mit, den er mittags anbieten wollte. Dazu waren Tee, Zucker, Brot und Käse vorhanden. Boris hatte eine Flinte mit fünf Schrotpatronen mit. Er übernahm das Kommando: „Christoph Iwanowitsch und ich machen einen Ausflug, um irgendetwas Essbares zu erlegen, vielleicht Auer- oder Haselhuhn. Juri, du bleibst hier, falls der Hubschrauber wiederkommt. Wir hören und sehen ihn und kommen dann sofort zurück. Du kannst aber Brennholz sammeln, denn das Feuer unterhalten wir bis zu unserer Abreise."

Wir beide pirschten los. Die Luft roch nach *Baikal*, der spiegelglatt war, da sich kein Lüftchen regte. Wir wanderten langsam den Hang hinauf, um in bewaldete Flächen zu kommen. Boris versprach sich in den Waldrandzonen am ehesten einen Jagderfolg, da diese von den Raufußhühnern bevorzugt werden. Ich hielt öfter an, drehte mich um und genoss den Blick auf den *Baikal* und das gegenüberliegende noch schneebedeckte Hochgebirge. Plötzlich hörte ich ein merkwürdiges Geräusch, das einem Winseln ähnelte. Ich konnte es aber nicht weiter einordnen. Im gleichen Moment blieb auch Boris stehen und zeigte auf den nahen Waldrand. Etwa 20 Meter vor uns bewegte sich ein diesjähriges Bärenjunges. Als es uns wahrnahm, setzte es sich auf die Hinterläufe.

Ich zückte meinen Fotoapparat und machte eine Aufnahme, als mich Boris auch schon am Ärmel zog und mir ins Ohr zischte: „Wir

Auf dem linken Felsplateau fanden wir den Bären

Der kleine Bär war sehr zutraulich

müssen schnell weg. Wenn seine Mutter kommt und uns sieht, greift sie sofort an. Ich habe keine Lust, hier eine säugende Bärin zu schießen. Das gäbe ein Riesenpalaver in der Jägerschaft, da das streng verboten ist. Wir müssten zudem das Fleisch sicherstellen und den kleinen Bären lebend mitnehmen, um ihn in einem Zoo abzuliefern." Wir hasteten den Hang herunter bis wir außer Sichtweite waren, gingen dann aber zügig weiter zurück bis zu unserem Feuer. Die Lust auf weitere Unternehmungen war uns vergangen.

Vom Hubschrauber war weit und breit nichts zu sehen. Heute, im Zeitalter des Handys, wäre der Kontakt mit *Irkutsk* sicher leicht möglich gewesen, sofern entsprechende Sendeanlagen vorhanden sind. So mussten wir warten und der Dinge harren, die da kommen oder auch nicht. Boris meinte, dass wir uns auf eine Übernachtung einrichten müssten. Da wir alle drei nicht die notwendige Ausrüstung dafür mithatten, entwickelte er folgenden Plan: „Wir machen nachts zwei Feuer, zwischen die wir uns legen. Es können Nachttemperaturen von -10 Grad auftreten, da es klar ist. Wir müssen den Bären zeigen, dass es bei uns gefährlich ist. Dafür brauchen wir genügend Brennholz, da wir nachts nachlegen müssen. Wir haben eine Axt, mit der wir das Holz auf tragbare Größen zerkleinern können. Unseren Lagerplatz verlegen wir 200 Meter, bis an die Waldkante, damit wir das Holz nicht so weit tragen müssen. Zwischen die Feuer legen wir eine dicke Schicht von Fichtenzweigen. Dort! Die Randfichten asten wir auf." Er zeigte an den Waldrand.

Wir löschten das Feuer und entfachten zunächst ein neues am Waldrand, schafften Holz in großen Mengen herbei und polsterten unser Nachtlager mit Fichtenzweigen. Es wurde dunkel. Wir setzten uns ans Feuer, aßen Trockenfisch mit Brot und tranken schwarzen Tee dazu. Dann legten wir ein zweites Feuer im Abstand von 8 bis 10 Metern an. Boris probierte aus, wie stark die Feuer brennen mussten, damit wir weder frieren noch schwitzen. Er hatte die Entfernung der beiden Wärmequellen gut ausgewählt. Bei mäßiger Flamme erreichten wir die richtige Temperatur auf unserer Lagerstätte. Es wurde trotzdem eine kalte Nacht. Immer, wenn einer von uns aufstand, um Holz aufzulegen, wurde es so warm, dass man etwas einnickte. Es herrschte Totenstille. Man hörte nur das Knacken des brennenden Holzes und gelegentlich in großer Höhe Flugzeuge, die *Irkutsk* anflogen oder von dorther kamen.

Am nächsten Morgen ließen wir das zweite Feuer ausgehen und schürten dafür das andere etwas heftiger, damit der Pilot uns orten konnte. Wir frühstückten und blickten gen Himmel in Erwartung unseres Lufttransporters. Da sich nichts tat, blieben wir am Feuer sitzen und erzählten Geschichten. Ich fragte die beiden Jäger über die Bären Sibiriens aus.

Die Einheimischen nennen ihn *Mischa* oder *Michail Iwanowitsch*. Allein diese Bezeichnung mit Vor- und Vatersnamen belegt, dass er „zur Familie" gehört. Sie sprechen mit Respekt und Hochachtung von ihm. Mensch und Bär wissen, dass sie gut nebeneinander in der Taiga leben können, wenn sie sich nicht gegenseitig in die Quere kommen. Unter bestimmten Bedingungen betrachten sie sich gegenseitig als Beute, deshalb sind Begegnungen immer spannungsgeladen. Da ist auf der einen Seite der Jäger, der das Wildbret des Bären liebt und die Decke als Kälteschutz verwendet. Kaum ein sibirischer Jäger denkt bei der Bärenjagd an irgendwelche Trophäen. Das gilt aber auch für die anderen jagdbaren Wildarten. Geweihe werden am Ort der Erlegung weggeworfen. Für solche überflüssigen Dinge wird keine Energie zum Abtransport aufgewendet.

Abschussstatistiken gab es in Sibirien nicht, obwohl eine Lizenz für die Jagd notwendig war. Aber Kontrolle und Überwachung der Abschusszahlen waren unmöglich. Trotzdem versuchte man über jährliche Zählungen, wie wir sie auch gerade unternahmen, einen Überblick über die Bestandesentwicklung zu bekommen. Der Bär fürchtet und respektiert den Menschen zwar, greift aber in Gefahren- und Notsituationen rücksichtslos an und verzehrt seine Beute meistens. Gefahrensituationen entstehen bei der Jagd, wenn der Bär sich bedroht fühlt. Wenn verletzte oder alte Bären infolge körperlicher Behinderungen nicht mehr an ihre normale Beute herankommen und Hunger leiden, greifen sie jeden Menschen an, dem sie begegnen. Ihnen fehlt im Herbst die zur Überwinterung notwendige Speckschicht. Sie gehen nicht ins Winterlager. Solch ein Bär wird *Schatun* genannt.

Es kommt aber auch vor, dass es sogenannte Hungerjahre gibt, in denen die Beerenblüte in der Taiga durch Spätfröste abstirbt. Damit fällt im Sommer und Herbst die Hauptnahrungsquelle für die Bären aus. In solchen Jahren geht der größte Teil der Bären nicht ins Winterlager. Sie kommen vermehrt in Ortschaften, um Haustiere und Menschen zu reißen oder andere Nahrungsquellen zu erschließen. Boris berichtete, dass 1962, 1967 und 1969 in kurzen Abständen drei derartige Hungerjahre aufgetreten waren, nachdem es 20 Jahre lang vorher keins gegeben hatte. 1969 wurden alleine im Bezirk *Irkutsk* nach offiziellen Angaben 35 Menschen von Bären getötet. Die Angaben schwanken. Es könnten durchaus mehr gewesen sein.

In diesem Jahr wurden allein in diesem Gebiet rund 650 Bären erlegt. Boris und sein Kollege waren sich einig, dass es in der Praxis wesentlich mehr gewesen waren. Zwei gute Bekannte von ihm befanden sich auf der Pelztierjagd. Sie hatten über 20 Eichhörnchen gefangen und gingen zur Jagdhütte zurück. Sie führten keine Hunde mit sich. Der erste ging etwas schneller, da er den Ofen heizen wollte, während der zweite mit einem Schlitten und der Beute im Abstand von 50 bis 60 Metern folgte. Plötzlich sah der Jäger am Schlitten, wie ein Bär 30 Meter hinter dem ersten Jäger aus den Büschen kam und ihn von hinten in vollem Galopp annahm. Mit blitzschneller Reaktion und einem risikovollem Schuss streckte er den Bären nieder. Er war jedoch nicht tödlich getroffen. Als er wieder hoch wollte, war der erste Jäger zur Stelle und gab dem Braunen den Fangschuss. Er hatte den Bären nicht kommen gehört.

Später erzählte mir Nikolai Sergejewitsch, dass es 1969 auch zwei tragische Unfälle mit Studenten gegeben hatte. Einer war auf der Pelztierjagd, um sich aus dem Verkauf von Bälgen sein Studium zu finanzieren. Er wurde in der Jagdhütte von einem Bären wahrscheinlich nachts angegriffen. Der Student hatte nur Munition für Eichhörnchen bei sich, die nicht ausreichte, um den Angreifer zu töten. Von seinem Körper wurde nichts mehr gefunden.

Der zweite Student sollte seine Diplomarbeit über die Ernährung der Bären in Hungerjahren schreiben. Mit einem *ewenkischen* Berufsjäger folgte er der Fährte einer starken Bärin und kontrollierte im Schnee, was sie unternommen hatte, um an Beute zu kommen. Beide hatten nicht gemerkt, dass auf beiden Seiten der Bärin im Abstand von 600 bis 700 Metern die vorjährigen Jungtiere der Bärin wechselten. Sie hielten diesen Abstand, da sie sonst von ihrer Mutter gerissen worden wären. Nach einigen Tagen erhielt der *Ewenke* eine Nachricht, dass er sofort nach Hause kommen müsse, da seine Frau schwer erkrankt sei. Der Student beschloss, alleine weiterzugehen. Dabei musste er zu dicht an die Bärin herangekommen sein, so dass sie ihn bemerkte. Anhand der Spuren wurde rekonstruiert, dass die Bärin einen Bogen geschlagen hatte und den Studenten von hinten angenommen hatte. Er bemerkte die heranbrausende Bärin rechtzeitig. Bewaffnet war er mit dem Repetiergewehr des Berufsjägers. Er machte aber den Fehler, die Bärin schon auf eine Entfernung von 30 Meter zu beschießen. Er konnte sie mit diesem Schuss nicht stoppen, wollte repetieren, aber die Patrone verklemmte sich. Das war sein Ende. Man fand von ihm nur den Repetierer und ein kleines Stück vom Schädel. Die vorjährigen Jungtiere waren hinzugekommen, und zu dritt hatten sie den Körper des Studenten völlig aufgefressen.

Boris betonte, dass es in der Taiga lebenswichtig wäre, Hunde mitzuführen. Sie hindern die Bären, so schnell anzugreifen. Er erzählte, dass viele *Ewenken* die Bären nur mit dem Kleinkaliber erlegen. Sie schössen dem Bären solange auf den Schädel, bis er umfällt. Die Hunde lassen den Braunen nicht weg, attackieren ihn immer wieder von hinten. Selbst ein einarmiger Ewenke habe so einen Bären mit dem neunten Schuss getötet. „Einarmiger Jäger?", fragte ich. „Ja! Ihm hat ein Bär beim Kampf den Arm zerfleischt. Glücklicherweise war ein zweiter Jäger dabei, der den Bären getötet hat und danach den Arm des Jägers abgebunden und ihn selbst abtransportiert hat. Das dauerte aber zwei Tage, so dass der Arm nicht mehr zu retten war. Er ist aber Jäger geblieben und fängt nur mit Fallen, hat aber drei Hunde, die ihn schützen." Einen ähnlichen Fall hatte mir *M. Lawrov* erzählt.

Wir warteten und warteten, aber auch an diesem Tag kam kein Hubschrauber und wir mussten die nächste Nacht am Feuer verbringen. Da wir jetzt viel Zeit hatten, polsterte ich mein Nachtlager mit vielen kleinen Zweigen aus, so dass ich weicher lag und mich nachts auch noch abdecken konnte. Ich schlief überraschend die Nacht durch und merkte nichts von den Aktivitäten der anderen zur Erhaltung der Feuer. Morgens beim Frühstück erzählte mit Boris, dass er schon einmal 14 Tage auf den Hubschrauber gewartet hat. Ehe ich weiter darüber nachdenken konnte, hörten wir das ersehnte Geräusch der Rotoren näherkommen. Wir liefen zum Landeplatz, wo uns der Pilot freundlich begrüßte und sich entschuldigte, dass er infolge einer notwendigen Reparatur nicht schon gestern kommen konnte. Wir mussten aber zurück nach *Irkutsk*, da der Pilot wieder zur Bekämpfung der Taigabrände gebraucht wurde. Die Bärenzählung sollte zu einem späteren Zeitpunkt nachgeholt werden. Leider war es mir aber dann nicht mehr möglich, daran teilzunehmen, da ich zu dem

Zeitpunkt mit *Sergei Pawlowitsch Kirpitschov* unterwegs war. Wieder einmal war eine vielversprechende Unternehmung gescheitert.

Auerhuhnzählung in der Taiga

Ende April traf ein Telegramm von *Sergei Pawlowitsch Kirpitschov* ein, in dem er mitteilte, dass er am nächsten Tag mit mir in die Taiga zur Bestandesermittlung des Auerwildes fahren will. Wir sollten die notwendigen Flugkarten buchen. Lonja runzelte die Stirn: „Was hat der für Vorstellungen. Hier muss man Wochen vorher buchen. *Irkutsk* ist schließlich kein Dorf." Mit Geschick und viel Beziehungen schaffte er es aber, entsprechende Tickets zu bekommen. Sergei Pawlowitsch traf pünktlich um 10 Uhr ein. Wir begrüßten uns herzlich, kauften noch einige Produkte und flogen um 15 Uhr nach *Ulan Udé*. Dort mussten wir umsteigen. Auf kleineren Flughäfen kannte man in Sibirien nicht das Buchen von Anschlussflügen. Die Maschinen flogen oft nach Bedarf oder wenn genügend Passagiere vor Ort waren. Wir landeten, gingen zum Flughafenkommandanten, ließen unsere Dienstreiseaufträge abstempeln und fragten ihn, wann wir nach *Ust Bargusin* weiterfliegen können: *Budjet*, das hieß warten.

Wir holten uns an einem Imbissstand einen Becher Tee, verpflegten uns aus dem Rucksack und setzten uns in eine Ecke des einzigen Raumes auf den Fußboden, ich auf meinen Schlafsack, da der Warteraum voll von Passagieren war – vom Kleinkind bis zum ältesten Großvater, viele mit Kiepen und Körben, deren Inhalt sie auf dem Markt in *Irkutsk* verkauft hatten oder verkaufen wollten. Ich dachte schon an eine Übernachtung, als es schließlich doch um 18 Uhr mit einer kleinen AN 2 losging. Eine dreiviertel Stunde später landeten wir in *Ust Bargusinsk*. Von hier aus mussten wir mit Kraftfahrzeugen weiter. Sergei Pawlowitsch war nicht dazu zu überreden, hier eine Übernachtung zu suchen: „Wir nehmen Wanzen auf, die viel Geld kosten. Ich kenne hier keine brauchbare Übernachtungsgelegenheit. Das müssen wir jetzt durchstehen Christoph Iwanowitsch." An mir sollte es nicht scheitern, da ich in den letzten Nächten gut geschlafen hatte.

Für ein paar Kopeken ließen wir uns mit einem Jeep zum Ortsausgang fahren, um dort auf ein Holzabfuhrfahrzeug zu warten, das uns weiter in die Taiga mitnimmt. Ich kam mir vor wie in der Nachkriegszeit, als die heimatlichen Straßen auch von Anhaltern übersät waren. Um 21 Uhr nahm uns tatsächlich ein Lkw für fünf Rubel mit. Sergei Pawlowitsch erklärt dem Fahrer unterwegs, warum wir in die Taiga wollen. *Molodzi* (Teufelskerle)! Das ist doch sehr gefährlich?", murmelte der Fahrer. „Wir lieben die Gefahr!" lachte Sergei. Im Dorf

Maximovka stiegen wir aus und gingen die Dorfstraße entlang. Es liegt direkt am *Baikal*. Ich zählte sieben Häuser. Am letzten hielten wir an. Hier sollten Bekannte von Sergei wohnen. Es war mittlerweile Mitternacht. Sergei Pawlowitsch klopfte lange und anhaltend an den Laden. Schließlich tat sich etwas. Der Hauswirt fragte hinter der Tür, wer denn da sei und öffnete sie, als sich Sergei zu erkennen gab.

Ich wurde vorgestellt. „Woher kommst du?" Ehe Sergei Pawlowitsch antworten konnte, sagte ich „aus dem Pribaltikum". Sergei und ich lachten, der Hauswirt schloss sich an und lachte mit, auch wenn er nicht wusste, warum wir lachen. Jetzt holte er aber heißes Wasser, Teesud, einen Teller voll mit gesalzenem Fisch und Brot. Sergei hatte eine Zweiliterflasche 90-prozentigen Alkohol aus *Moskau* mitgebracht: „Laborschnaps". Ich glaubte eher an selbstgebrannten. Jeder erhielt einen kleinen Schluck, der mit Wasser verdünnt wurde. Die nächste Stunde wurde erzählt. Im Raum brannte eine Kerze. Es war eine Art Gastzimmer, das wohl öfter Fremden zur Übernachtung diente. Im zweiten Zimmer des Hauses wohnte der etwa 65-jährige Wirt mit seiner Frau.

Sergei erklärte dem Wirt: „Wir bleiben ein paar Tage, nehmen hier unser Standquartier und machen von hier aus unsere Exkursionen in die Taiga. Na, du kennst das ja von mir aus den vorhergehenden Jahren. Lass das Haus auf, damit wir jederzeit rein- und rausgehen können. Jetzt werden wir gleich noch aufbrechen, damit wir bei Sonnenaufgang an Ort und Stelle sind. Christoph Iwanowitsch, nimm deinen Schlafsack, die Flinte und etwas Proviant mit. Alles andere bleibt hier und du, Väterchen, kannst wieder ins Bett gehen." Der Wirt lächelte uns an und schloss die Tür hinter sich. Wir packten unsere Sachen aus und legten sie in einen Schrank.

Wir machten uns fertig und brachen zu einem nächtlichen Fußmarsch durch die Taiga auf, bewegten uns aber auf einer Art Pirschweg, den wir ab und zu mit einer Taschenlampe suchen mussten. Um 3 Uhr erreichten wir eine primitive Jagdhütte. Wir machten Feuer, kochten Wasser, um Tee zu bereiten und versuchten etwas zu schlafen. In der Morgendämmerung zogen wir uns an, gingen noch zwei Kilometer weiter und versuchten, Auerhähne zu verhören. Es blieb aber alles totenstill. Mit dem Hellerwerden setzte das Vogelkonzert in der Taiga ein. Wir suchten uns einen geeigneten Platz, um eventuell Anblick zu bekommen. Aber es tat sich nichts. Wir hielten es nicht lange aus, da die Temperaturen etwa -15 Grad betrugen. Wir wanderten zurück zur Hütte, um zu frühstücken.

Anschließend pirschten wir langsam, aber stetig durch die Taiga, um Anzeichen und Hinweise auf Auerwild zu finden. „Es sind jetzt drei Jahre Schonzeit für Auerwild verstrichen. Wir müssen feststellen, ob dies einen Einfluss auf die Bestandesentwicklung gehabt hat"

Fischerdorf am Baikal

erklärte mir Sergei. Von diesem Jahr an durfte Auerwild wieder bejagt werden. Tatsächlich sahen wir plötzlich vier Hähne, die vor uns hochgehen. Sergei schoss zweimal, trifft aber nicht. „Ich wollte unserem Wirt einen zum Essen mitbringen. Sonst schieße ich kein Auerwild." Na, dachte ich, das kann ja noch heiter werden. Ich hatte mir vorgenommen, wenigstens einen Auerhahn in Sibirien zu erlegen. Im Dunkeln kehrten wir wieder nach *Maximovka* zurück, speisten und ruhten aus.

Um 1 Uhr geht Sergei allein los. Ich blieb im Haus, da ich einkaufen wollte. Im Ort gab es ein kleines Magazin, das erst um 9 Uhr öffnet. Im Magazin kaufte ich Brot, Büchsenmilch, Schokolade für unsere Wirtin und Zucker. Alles andere hatten wir selbst. Dann machte ich mich auf in die Taiga, um Sergei Pawlowitsch in einer Jagdhütte zu treffen. Ich hatte Befürchtungen, ob ich die Hütte finde. Er hatte mir allerdings eine gute Zeichnung angefertigt, nach der ich loslief. Nach zwei Stunden entdecke ich die Hütte, aus der Rauch aufstieg. Ich fand Sergei Pawlowitsch schlafend vor. Er wurde sofort munter und schmiedete einen Plan.

Zuerst kochten wir uns eine Suppe und brühten Tee auf, dann marschierten wir los, um an einem Balzplatz ein Fotoversteck zu errichten. Als wir fertig waren, brach bereits die Dämmerung an. Wir mussten noch zwei Stunden laufen, bis wir wieder im Dorf waren. Unser Wirt lud uns zum Abendbrot ein. Von seiner Frau sahen und hörten wir nichts. Wieder gab es Salzfisch, Brot, Marmelade und Tee. Dazu spendierte Sergei ein Glas Wodka. Er hatte die Flasche in unserem Zimmer versteckt und mit einem Bleistift ein Zeichen über den Füllungsstand gemacht. Das kontrollierte er jeden Abend. Es stimmte immer genau mit dem Vortag überein, aber der Alkoholgehalt des Inhaltes wurde von Tag zu Tag geringer.

Sergei Pawlowitsch konnte es sich nicht verkneifen, eine entsprechende bissige Bemerkung zu machen. Aber unser Wirt tat so, als höre er schwer. „Es gibt hier kein Versteck, das der Wirt nicht findet. Wir können doch die Flasche nicht mit in die Taiga nehmen. Was sollen wir bloß machen?" Ich sage zu ihm: „Das ist doch ganz einfach: von Tag zu Tag mit weniger Wasser verdünnen, wenn wir etwas davon trinken. Wenn die Flasche halbleer ist, füllen wir sie in eine normale Wodkaflasche um. Diese nehmen wir mit. In die Zweiliterflasche füllen wir dann Baikalwasser."

Um 3 Uhr brachen wir wieder auf. Es waren -27 Grad. Mir kam es wesentlich kälter vor als im Winter. Ich ging ins Fotoversteck, Sergei pirschte weiter. Vor mir balzte ein Hahn, den ich aber nur hörte. Dafür beobachtete ich in der Dämmerung mehrere Hennen, die auf dem Boden Preißelbeeren aufnahmen. Schon gestern bemerkte ich den dichten Preißelbeerteppich, an dem noch sehr viele rotleuchtende Beeren hingen. Das Auerwild verkrümelte sich mit zunehmender Helligkeit, und ich war froh, als Sergei zurückkehrte. Auf dem Weg zurück ins Dorf kam ich wieder einigermaßen auf Temperatur. Sergei war verzweifelt, dass wir nur so wenig Auerwild in Anblick bekamen. Noch im

Die Männer sind auf Jagd, die Frauen treffen sich zu einem Plausch

vergangenen Jahr hatte er an meinem Platz bis zu 15 Hähne gezählt. Er vermutete, dass die Ursache in der Wiedereröffnung der Auerwildjagd lag.

Die Bestätigung erhielten wir kurze Zeit später. Nach dem Mittagessen wollten wir zu einem 15 km entfernt liegenden Balzplatz aufbrechen, der besonders gut sein sollte. Gerade als wir abmarschierten, trafen wir zwei Jäger, die uns mitteilen, dass dort nichts los wäre. Sie kamen soeben von dort und hatten vier Jäger gesehen, die mehrere Auerhähne erlegt hatten. Sergei Pawlowitsch stieß wilde Flüche aus und schwor, dass er darüber der *Irkutsker* und *Moskauer* Jagdverwaltung berichten werde. Wir schlugen eine andere Himmelsrichtung ein und trafen zwei weitere Jäger, die ebenso erfolglos unterwegs gewesen waren. Also kehrten wir ins Dorf zurück, besuchten eine andere Familie und nahmen dort unser Abendbrot ein. Es gab Kartoffeln mit Gulasch – von welchem Tier hinterfragte ich lieber nicht, da es Sergei mit Genuss verzehrte und es auch leidlich schmeckte. Dann erholten wir uns von den Strapazen des Tages.

Um 1 Uhr brachen wir wieder auf und stießen nach zwei Stunden auf eine andere Jagdhütte. Wir heizten und versuchten, noch etwas zu schlafen. Ich blieb diesmal liegen, da Sergei noch einen Balzplatz aufsuchen wollte, an dem kein Schirm stand und zwei Personen zu sehr stören würden. Er brach um 5 Uhr auf, kam aber um kurz nach 8 Uhr total enttäuscht zurück, da er auch diesmal nichts gesehen hatte.

Wir verabschiedeten uns von unserer Unterkunft und machten uns auf den Weg zurück nach *Maximovka*. Unterwegs hörten wir auf einem Flüsschen Entengeschnatter. Wir pirschten langsam näher und entdeckten auf 200 Meter etwa 100 Enten auf dem Wasser. Nachdem, was ich erkennen konnte, schienen es Stockenten zu sein. In Sergei erwachte der Jagdtrieb. Ich musste stehenbleiben, er wollte sich seitlich an die Enten heranpirschen, um einige zu erlegen. Offensichtlich bemerkten ihn aber die Breitschnäbel, als er bis auf 50 Meter herangepirscht war. Sie erhoben sich mit einem Riesengeschnatter und strichen so ungünstig ab, dass er nicht zu Schuss kam. Er entschuldigte sich bei mir: „Im Frühjahr dürfen wir nur Erpel erlegen, und ich wollte nicht einfach in die aufsteigenden Enten hineinschießen. Erpel bekam ich nicht frei." Ich wusste nicht, ob ich ihm glauben soll oder ob er keine Chance zum Schuss hatte.

In *Maximovka* sahen wir einen Traktor mit laufendem Motor vor dem Magazin stehen. Sergei Pawlowitsch verhandelte mit dem Fahrer, damit uns dieser ein Stück in die Taiga transportiert. Wir fuhren 30 Minuten, dann setzte er uns ab und kehrte zurück. Wir übernachteten an Ort und Stelle auf dem Weg. Dazu entzündeten wir ein kleines Feuer, hatten aber keine dicke Kleidung mit, geschweige denn einen Schlafsack. Es wurde hundekalt. Ich schätzte die Temperatur auf

-20 Grad. An Schlaf war überhaupt nicht zu denken. Wir dösten vor uns hin und standen ab und zu auf, um die Füße warm zu treten.

Gegen drei Uhr hörten wir vier Hähne balzen. Als es hell wurde, sahen wir drei Hennen und hörten noch kurz einen Hahn. Dann herrschte Totenstille. Wir marschierten zurück nach *Maximovka*. Auf dem Rückweg bemerkte ich, dass Sergei Pawlowitsch nur noch mühevoll vorankam. Die Strapazen der letzten Tage hatten ihn offensichtlich überfordert. Ich ergriff nun die Gelegenheit, um mit ihm eine Diskussion über die Jagd auf Auerwild zu führen. „Sergei Pawlowitsch, wie viele Auerhähne hast du schon in Deinem Leben geschossen?" Er wusste noch nicht, worauf ich hinauswollte. „Christoph Iwanowitsch, ich arbeite etwa seit 20 Jahren an dieser Wildart. Es gab Zeiten, besonders zu Beginn meiner Arbeit mit dieser Vogelart, da habe ich mich wochenlang von Auerwild ernährt, sowohl im Frühjahr zur Balz als auch im Herbst und Winter. Damals fing ich lebendes Auerwild, um es zu markieren oder in anderer Gegenden zu transportieren. Aber ich habe nie die Auerhähne gezählt, die ich erlegt habe. Darüber gibt es keine Statistik. Es ist aber eine stattliche Anzahl. In den letzten Jahren ist der Auerwildbestand in vielen Gebieten zurückgegangen. Da habe ich kaum noch etwas geschossen."

Wir legten eine Pause ein und ich holte aus meinem Rucksack ein langes Stück einer Salami, die mein Vater mir in einem Paket geschickt hatte. Ich teilte es in zwei Stücke, legte jedes Stück auf eine Scheibe Brot und reichte Sergei eine Hälfte. Er schaute verwundert auf die Wurst, nahm sie vom Brot und roch daran. Sein Gesicht verklärte sich: „Aaahhh! Salam!" Er schloss die Augen und schnupperte nochmals an der Wurst. „Christoph Iwanowitsch, entschuldige bitte, aber das kann ich hier nicht essen. Die Wurst muss in ganz kleine Stücke in eine Suppe geschnitten werden, und diese Suppe kann nur meine Frau kochen. Ich muss das mit nach *Moskau* nehmen."

Er holte eine Tüte aus dem *Ponjaga* (russischer Rucksack) und packte das Stück Wurst ein. Ich war sprachlos. Das passte nicht in mein Konzept, denn ich wollte ihn durch den Salamigeschmack für mein Vorhaben gewinnen. „Gut! Sergei Pawlowitsch, einverstanden, aber dann teile ich mein Stück, und du bekommst davon eine Hälfte, wenn du sie jetzt isst. Einverstanden?" Er nickte und zog Geschmacksfäden. Ich schnitt aus dem Rest zehn dünne Scheiben und reichte ihm nach und nach seinen Anteil. Ganz langsam zerkauten wir die Salamischeiben. Ich glaube so genussvoll und langsam ist noch nie eine Salami gegessen worden.

„Sergei Pawlowitsch, was glaubst du, wie viel Auerhähne ich schon in meinem Leben erlegt habe?" Er runzelte die Stirn und wusste nicht, was diese Frage bedeuten sollte. Dann überlegte er: „Bei euch gibt es ja wenig Auerwild, so dass ich denke, dass du maximal zehn

Hähne gestreckt hast." Ich fing an zu lachen, worauf er fragte: „Waren es doch mehr?" Dann klärte ich ihn auf, dass Auerwild in der DDR schon lange streng geschützt war, und dass ich bisher noch keinen einzigen Auerhahn geschossen hatte. „Aber mein Ziel ist es, jetzt in diesen Tagen hier in der Taiga einen Auerhahn zu erlegen, weil ich sonst nie wieder dazu Gelegenheit haben werde. Sergei Pawlowitsch, du hast gestern gesehen, wie viele Jäger hier Auerhähne jagen, und sie schießen jeden, den sie bekommen." Gleichzeitig reichte ich ihm die letzte Scheibe Salami und gab ihm Zeit, diese in aller Ruhe zu zerkauen.

„Christoph Iwanowitsch, die Salami war herrlich, und ich habe ja noch das große Stück für mich und meine Frau. Was ist dagegen ein Auerhahn? Wenn er alt ist, kann man ihn nicht einmal essen." Wir lachten herzlich und innerlich schenkte ich ihm eine ganze Salami. Die Abschussgenehmigung war erteilt.

In *Maximovka* frühstückten wir noch einmal und legten uns ein paar Stunden aufs Ohr. Um 16 Uhr brachen wir auf, um mein Gewehr zu holen, das wir heute Morgen an einer Wegebrücke abgestellt hatten. So etwas würde sich in Deutschland keiner wagen. Wir waren aber sicher, dass an dieser Stelle kein Mensch entlangkommt. Es stand noch geladen an der gleichen Stelle. Wir liefen zu einem entfernten Balzplatz, wo wir Hähne verhörten und dann nachts zurückkehren wollten. Es meldete aber leider kein Hahn, und wir kehrten auf einem Umweg langsam zum Dorf zurück. Es begann bereits leicht zu dämmern, als wir plötzlich vor uns einen Hahn vernahmen. Wir blieben stehen und machten in kurzer Zeit vier balzende Hähne aus. Etwas weiter entfernt begann ein fünfter mit der Balz.

„Christoph Iwanowitsch, den dort hinten kannst du jetzt erlegen. Zeig, was du kannst. Ich warte hier und komme erst, wenn du geschossen hast." Das also war seine Rache. Ich durfte keinen der nahen, leicht erreichbaren Hähne jagen, sonder nur den etwa 350 Meter entfernten. Die Dämmerung war erheblich vorangeschritten. Ich ließ meinen Rucksack fallen und eilte so schnell wie möglich in die Richtung des balzenden Hahnes. Als ich auf 100 Meter herangekommen war, bemerkte ich, dass der Hahn in einem lockeren Kiefernaltholz balzte. Sehen konnte ich ihn aber noch nicht. Er balzte flott, Strophe auf Strophe. Jedes Mal, wenn das Schleifen einsetzte und der Hahn Ohren und Augen schließt, sprang ich zwei Schritte voran.

Bald sah ich das Ziel meiner Träume auf einem starken Ast sitzen. Immer in Deckung eines Baumstammes kam ich näher und näher heran. Ich hoffte nur, dass ich keine Henne hochtrete, die den Hahn dann sicher zum abreiten veranlassen würde. Das Büchsenlicht wurde immer knapper. Es war ein Wettlauf mit der Zeit. Als ich auf 35 Meter heran war, legte ich an, erkannte gegen den Himmel noch gut das

Korn der Flinte und drückte ab. Im Feuer fiel der Hahn etwas flatternd zu Boden. Ich hatte meinen einzigen Auerhahn!

In wenigen Minuten war Sergei Pawlowitsch da, hob den Hahn auf und staunte: „Ein uralter Hahn. Schau Dir diesen Schnabel an! Ni púcha – Ni perá! So einen alten Hahn habe ich noch nicht erlegt. Ich habe schon vermutet, dass es sich um einen alten Kameraden handelt, da er alleine balzte. Ein alter Hahn duldet keine Rivalen in seiner Nähe." Jetzt überraschte mich Sergei Pawlowitsch, in dem er eine kleine Flasche Wodka aus dem Rucksack zauberte, die wir in kleinen Schlucken leerten.

Leider hatten wir nicht mehr Zeit, um den Balzplatz näher zu besichtigen. Es war unterdessen stockdunkel. Wir tasteten uns quer durch die Taiga in Richtung *Maximovka*. Ich musste mich voll auf Sergei Pawlowitsch verlassen, denn mir war jede Orientierung abhanden gekommen. Um 23 Uhr erreichten wir jedoch mit kleinen Blessuren unser Ziel. Wir fielen ohne Essen und Tee ins Bett. Ich schaffte es gerade noch, den Hahn an einer Wand des Holzschuppens aufzuhängen, so dass kein Hund an den Vogel kommen konnte.

Um 3 Uhr waren wir bereits wieder auf den Läufen. Heute wollten wir den letzten hier in der Nähe befindlichen Balzplatz kontrollieren. Wir erreichten ihn nach einer Stunde Fußmarsch. Drei Hähne balzten, und im Hellen sahen wir einen vierten mit drei Hennen am Boden, ohne dass er auch nur irgendein Balzgehabe zeigte. „Nichts los!", resümierte Sergei Pawlowitsch, „wir müssen den Standort wechseln." In *Maximovka* vertrödelten wir uns aber, und Sergei rechnete aus, dass wir mit großem Gepäck noch 50 km fahren müssen. „Das schaffen wir heute nicht mehr. Wir müssen nochmals übernachten. Wir werden die Zeit heute Nachmittag nutzen, um noch einige ortsansässige Jäger zu befragen."

Wir nahmen den Rest des Alkohols mit und liefen durch das Dorf, trafen aber nur einen alten Jäger, der uns in sein Haus bat und mit dem wir uns über zwei Stunden austauschten. Wir tranken Tee und Alkohol in kleinen Mengen. Zu mehr reichte es nicht. Ich berichtete ihm von der Erlegung meines Auerhahns und der schwierigen Rückkehr im Dunkeln. Er antwortete: „Auch ältere Jäger können sich leicht in der Taiga verlaufen. Schon mancher ist von der Jagd nicht heimgekehrt. Junge Leute scheuen die Schwierigkeiten des Lebens in der Taiga. Sie gehen lieber in die Städte. Uns Jägern fehlt der Nachwuchs. Selbst mein Sohn, der ein guter Jäger ist, hat uns verlassen und ist nach *Irkutsk* gezogen." Sergei Pawlowitsch sah ihn fragend an: „Sind dafür nicht andere Gründe schuld? Ich habe gehört, du wärst auch schon beinahe einmal in der Taiga geblieben."

Der Jäger sah sich um, ob seine Frau in der Nähe war und schloss die Tür zum Nebenraum. In leisem Ton antwortete er: „Ich habe mich

Ein qualitativ hochwertiger Aspenbestand

einmal in meinem Leben in der Taiga verlaufen, als ich mit meinen Hunden zur Pelztierjagd draußen war. Mit sechs Broten und drei Hunden bin ich aufgebrochen. Meine Hunde haben kreuz und quer gejagt und Eichhörnchen gesucht und gefunden. Nach sechs Tagen wusste ich plötzlich nicht mehr, wo ich war. Ich bin erst nach 31 Tagen ohne Hunde nach Hause gekommen und war danach wochenlang psychisch krank." – „Wo sind die Hunde geblieben?" warf ich ein. Wortlos ging er hinaus und warf nach zwei Minuten drei Hundefelle vor uns auf den Boden. „Hunde und Menschen müssen sich ernähren, wenn sie überleben wollen. Wir fanden keine Eichhörnchen mehr, und meine Munition war verbraucht." In seinen Augen schimmerte Feuchtigkeit, und wortlos brachte er die Hundefelle wieder hinaus. Mir war jetzt klar, dass er einen Hund nach dem anderen mit dem Messer getötet hatte, um die anderen und sich am Leben zu halten. Wir verabschiedeten uns rasch und dankten für die Gastfreundschaft.

Am nächsten Morgen fuhren wir mit unserem Gepäck in einem Holzabfuhrfahrzeug 50 km weiter. Um 11 Uhr setzte uns der Lkw-Fahrer ab. In Sichtweite lag eine kleine Siedlung, aus der Sergei Pawlowitsch Salz holte, da es uns ausgegangen war. Die Witterungsverhältnisse waren jetzt typisch kontinental, tagsüber bis +27, nachts bis -25 Grad. Bei brütender Hitze liefen wir sechs Kilometer weiter. Dabei durchquerten wir einen wunderbaren Aspenwald. Die langen, astfreien, dicht stehenden Stämme erweckten den Eindruck, als ob sie in einer gepflegten Forstwirtschaft aufgewachsen wären. Der Bestand war aber aus Naturverjüngung hervorgegangen.

Wir suchten uns einen Rastplatz, an dem wir auch übernachten wollten. Wir waren ziemlich geschafft, rafften uns aber noch zu einem Erkundungsgang auf. Dabei entdeckten wir zwei Hennen und einen dunkelgrauen Hahn, eine Farbvariante. Schnell fanden wir auch den Balzplatz und bauten uns ein Ansitzversteck. Wir kehrten zurück zu unserem Basislager, aßen Abendbrot und verhörten den Hahn von weitem. In der Nacht fing es an zu regnen. Das Wetter schlug um. Es taute schon in der Nacht. Um drei Uhr hörten wir zwar den Hahn kurz balzen, aber dann herrschte Ruhe. Die Bäche in den Tälern verwandelten sich jetzt in reißende Flüsschen. An den Nordseiten der Hänge lag noch hüfttiefer Schnee, während auf den Südseiten die Frühlingsblüher zu wachsen begannen. Überall blühte bereits die Kuhschelle.

Sergei Pawlowitsch beschloss weiterzugehen, um an bessere Balzplätze zu kommen. Ich protestierte heftig, da ich ohne Gummistiefel war und ahne, dass wir jetzt drei

Frühlingsblüher Kuhschelle

Sergei Pawlowitsch beim Überqueren eines Baches

bis vier Tage durch knietiefes Wasser waten werden. Es nutzte nichts. Wir starten im strömenden Regen. Es beruhigte mich etwas, dass sich die Schuhe von Sergei Pawlowitsch in Auflösung befanden. Der Regen ließ nach einer Stunde etwas nach. Plötzlich standen wir mitten auf einem Balzplatz. Vor uns auf dem Erdboden balzten fünf Hähne. Sie nahmen keine Notiz von uns, obwohl wir nur 30 Meter vor ihnen stehen. Langsam ließen wir die Rucksäcke fallen. Drei Hennen trippelten gemächlich an uns vorbei.

Ich versuchte langsam, sehr langsam an meinen Fotoapparat zu kommen. Als ich ihn endlich in der Hand hatte, kam plötzlich Nebel auf, und binnen drei Minuten reduzierte sich die Sicht auf keine 20 Meter. Wir hockten uns hin und warteten. An Fotografieren war nicht mehr zu denken. Nach 11 Uhr lichtete sich der Nebel, die Sonne brach durch, aber von den Auerhähnen war nichts mehr zu sehen. Wir atmeten tief durch, machten Feuer und tranken Tee. Sergei Pawlowitsch war nach diesem Erlebnis gut gelaunt und entwarf einen Plan. Dabei durfte ich ihn nicht stören.

„Christoph Iwanowitsch, wir müssen noch einen sehr guten Balzplatz aufsuchen, den besten, den ich kenne. Um dorthin zu kommen brauchen wir normalerweise drei Tage. Wir werden abkürzen und gehen über die Berge, dann benötigen wir nur einen guten Tag". –

„Schade, dass wir keinen Kompass haben" antwortete ich. Daraufhin brüllte er mich an: „Ich brauche keinen Kompass, denn der nutzt dir nichts, wenn du nicht weißt, in welche Himmelsrichtung du laufen willst." Erschrocken beruhigte ich ihn: „Das war doch nur ein Spaß, Sergei Pawlowitsch." Er sagte nichts mehr, nahm sein Gepäck und marschierte los. Ich löschte das Feuer und beeilte mich, um ihn nicht aus den Augen zu verlieren.

Unterwegs stießen wir auf eine starke und eine geringe frische Bärenfährte. Der Gesichtsausdruck von Sergei Pawlowitsch wirkte wieder friedlich. „Die haben jetzt Hunger, hoffentlich wollen sie den nicht mit uns stillen! Wir müssen aufpassen. Ist Deine Flinte geladen?" Ich klappte meine Waffe auf und präsentierte ihm das gefüllte Patronenlager. „Sehr gut! Teufelskerl!", kommentierte er und klopfte mir auf die Schulter. Im Stillen bereute er wohl schon seinen Wutausbruch.

Wir liefen und liefen, kletterten steile Hänge im tiefen Schnee hoch, rutschten auf schneefreien Hängen herunter, querten reißende Bäche auf umgeworfenen Bäumen, gerieten ins Wasser, waren bis zum Bauch klatschnass und trieften vor Schweiß. Ich fing mir die ersten Holzböcke ein. Seit dem Vortag waren auch die Mücken wieder aktiv. Mehrfach brachen wir im tiefen Schnee in Bäche ein. Um 19 Uhr stellte Sergei Pawlowitsch fest, dass wir uns verlaufen hatten. Gut eine Stunde später ging uns die Puste aus. Wir konnten nicht mehr.

Auf einem Berg entzündeten wir ein Feuer inmitten eines Windbruchs und trockneten unsere Sachen. Jeder suchte sich eine große umgebrochene Fichte, auf der er sein Nachtlager einrichtete. Ich legte einige kleine Zweige zur Abpolsterung auf den Stamm und kroch in meinen

Diese frischen Kratzspuren signalisieren die Anwesenheit von Bären

Schlafsack. Es war windstill. In der Taiga vernahm man das kleinste Geräusch über weite Entfernungen. Ich hörte es im Tal mehrfach laut krachen. Sergei Pawlowitsch meinte, dass es Bären sind, die alte Baumstubben auseinandernehmen, um nach Larven und Puppen von Käfern zu suchen. „Halte dein Gewehr griffbereit, aber habe keine Angst, die Bären scheuen das Feuer", rief mir Sergei Pawlowitsch noch zu. Kurze Zeit später schlief ich ein, erschöpft von den Strapazen des Tages.

Noch heute kann ich mir nicht vorstellen, wie ich auf einem runden Baumstamm liegend schlafen konnte. Aber es ging gut. Ich fiel nicht einmal herunter. Nachts war es sehr kalt. Wir standen zeitig auf, frühstückten und marschierten in nassen Schuhen wieder los. Im Tal kreuzten wir tatsächlich zwei frische Bärenfährten. Wir liefen und liefen fanden aber den guten Balzplatz nicht. Mittags kochte ich unsere letzten fünf Kartoffeln. Dazu gab es frischen Schnee! Sergei Pawlowitsch sieht mir tief in die Augen: „Jetzt sind wir bald da." Und tatsächlich erreichten wir am späten Abend den gesuchten Balzplatz. Ich hörte noch vier Hähne aufbaumen. Wir machten ein größeres Feuer, in dessen Zentrum wir drei dicke Stämme legten, die nachts nur nachgeschoben werden. Ich baute mir eine kleine Mulde aus Kiefernstangen, in die ich mich im Schlafsack legte. Sergei Pawlowitsch bet-

Unser Lager auf dem Balzplatz

tet sich auf Fichtenzweige an einen Baumstamm und deckte sich mit seiner Filzdecke zu.

Nachts fror er, denn er stand mehrfach auf und rückte die Stämme ins Feuerzentrum. Um drei Uhr wachte ich auf und hörte in einer Kiefer direkt über mir einen Auerhahn balzen. Sofort war ich hellwach. Sergei Pawlowitsch lehnte sitzend an seinem Stamm und gab mir Zeichen, still zu sein. Unser Feuer glimmte nur noch. Leichter Rauch kräuselte empor. In kurzer Zeit begannen fünf Hähne direkt an unserem Lager mit ihren Balzliedern. Von der Kälte spürte ich nichts mehr. Immer mehr Hähne im Umfeld schlossen sich an. Sergei Pawlowitsch meinte später, er hätte 22 Hähne gezählt. Es war ein unerhört beeindruckendes Naturerlebnis, mitten auf diesem Hauptbalzplatz dem Gesang der Auerhähne zuzuhören. Es begann zu regnen, aber die Hähne ließen sich dadurch nicht beeinflussen. Als es hell wurde, baumten sie ab und gingen zur Bodenbalz über. Ein Hahn gab sein Konzert nur 20 Meter neben unserem Feuer. Am Boden hörte ich nur noch zehn verschiedene Hähne. Vielleicht waren die anderen weiter entfernt, und die Regentropfgeräusche übertönten die Balzlaute.

Überall in den Moosbeeren war das Locken der Hennen zu vernehmen, einige beobachtete ich bei der Aufnahme von Moosbeeren. Die Pflanzen hingen noch voller Beeren. Auch Sergei Pawlowitsch war sich nicht sicher, wie viel Hennen da sind. Er glaubte zehn gesehen zu haben. Wir blieben bis 7 Uhr liegen. In unserer unmittelbaren Nähe wurde es ruhiger. Wir standen leise auf, fachten das Feuer an, kochten unseren letzten Tee und aßen jeder eine Scheibe Brot mit gezuckerter Kondensmilch. Dabei hörten wir in der weiteren Umgebung noch den einen oder anderen Hahn melden. „Das war die Auerhahnbalz in der sibirischen Taiga, wie ich sie von früher her kenne. Ich habe das aber auch schon jahrelang nicht mehr mit dieser Menge von Hähnen erlebt", erzählte Sergei Pawlowitsch ganz feierlich. Ich war mir recht sicher, dass ich so etwas nie wieder in meinem Leben sehen würde. Allein dieses Erlebnis hatte die Strapazen der letzten Tage gelohnt.

Wir konnten leider keinen Tag länger an diesem Ort bleiben, da wir keine Lebensmittel mehr hatten. Wir brachen auf und schritten zügig auf nassen Böden aus, um schließlich in einem Sumpf zu landen, in dem wir stundenlang bis zu den Knien im Wasser laufen. Und das alles mit einfachen hohen Schuhen. Um 16 Uhr erreichten wir festes Land und fanden eine Stunde später eine feste Jagdhütte, die auf einer kleinen in ein Schilfgebiet hinein ragenden Landzunge lag. Wir machten in der Hütte Feuer und trockneten unsere Sachen.

Sergei Pawlowitsch unternahm einen kleinen Pirschgang und kam mit einem Haselhuhn wieder, aus dem wir uns sofort eine Suppe bereiteten. Ich fand in der Hütte auf einem Bord drei faustgroße stein-

Isbuschka – der Jäger ist froh, eine solche Hütte in der Taiga zu finden

hart getrocknete Stücke Brot, in dem die Mäuse tiefe Löcher hinterlassen hatten. Gefroren musste das Brot so hart gewesen sein, dass den Nagern ein Totalverzehr nicht möglich gewesen war. Wir warfen die drei Brotklumpen in die Suppe, um sie damit anzudicken. Nach der letzten Brotschnitte am Morgen nagte der Hunger kräftig. Ich ließ die Suppe längere Zeit kräftig aufkochen, um das Brot genießbar zu machen und alle Keime abzutöten. Es wurde die beste Suppe, die ich je gegessen habe.

Am nächsten Morgen wachten wir mit dem Gefühl auf, dass wir etwas zu essen brauchen. Die Auerhahnbalz trat in den Hintergrund. Sergei Pawlowitsch ging allein los und feuerte viermal ergebnislos auf Enten. Hinter der Jagdhütte fand ich jede Menge wilde Johannesbeersträucher, deren Knospen sich für Tee eigneten. Dies hatte mir im Herbst ein *Ewenke* verraten. Ich sammelte drei bis vier Hände voll solcher Knospen und goss kochendes Wasser darauf. Dann wartete ich vor der Tür auf Sergei Pawlowitsch.

Die Jagdhütte lag wunderbar in der Landschaft. Von der erhöhten Landzunge überblickte man eine 40 Hektar große Schilffläche. Das Schilf war etwa einen Meter hoch. Überall in der Fläche stand Wasser. Irgendwo hörte ich einen Birkhahn balzen. Das Hungergefühl stieg. Dann kam Sergei Pawlowitsch, und ich rief ihm zu „Frühstück"! Er runzelt die Stirn und sah mich fragend an. „Komm in die Hütte, wir trinken erst einmal Tee." Vorsichtig schenkte ich ihm ein und achtete darauf, dass keine Knospe hineinfiel. Es war eine leicht gelbliche Flüssigkeit. „Was ist denn das?", fragte er und roch am aufsteigenden Dampf. Ich erklärte es ihm. Er kostete vorsichtig. „Das ist natürlich kein Tee, aber man kann es trinken, Danke!" Das war schon ein großes Lob und ich freute mich, dass es mir gelungen war, ihn zu überraschen.

Dann begann es zu regnen. Wir blieben in der Hütte sitzen, heizten richtig ein und warteten. Nach zwei Stunden hörte der Regen auf, und die Sonne brach durch. Wir traten vor die Hütte und genossen den Anblick des über dem Schilf aufsteigenden Wasserdampfes. Plötzlich hob Sergei Pawlowitsch den Finger, „Horch!" Ich hörte zunächst nichts, vernahm aber dann ein leises Gezwitscher, das ich nicht näher identifizieren konnte. „Das ist ein Krickerpel, den muss ich erlegen, dann ist das Mittagessen gesichert." Er eilte in die Jagdhütte, um seine Flinte zu holen. „Christoph Iwanowitsch, du bleibst hier vor der Hütte stehen und beobachtest mich. Wenn ich den Krickerpel hochmache und darauf schieße, passt du auf, wo er hinfällt." Ich war mehr als skeptisch, da seine Schussleistungen auf Enten bisher nicht überzeugend waren.

Er begab sich auf die eine Seite des Schilfes und durchquerte den vor der Hütte liegenden Abschnitt, um dann im Abstand von fünf Metern wieder zurückzukommen. So ging er eine dreiviertel Stunde immer hin und her, ohne dass sich etwas tat. Ich hielt das Ganze für ein aussichtsloses Unterfangen. Teilweise war das Wasser knietief. Aber plötzlich ging der Krickerpel tatsächlich vor ihm hoch. Er riss die Waffe hoch und bereits mit den ersten Schuss hin fiel der Erpel mausetot herunter, keine zehn Meter vor ihm, so dass er diesen sofort fand und an Land kommt. „Ni púcha – Ni perá", rief ich ihm zu.

Während er sich auszog, um sich zu trocknen, rupfte ich den Vogel, nahm ihn aus und setzte Wasser für eine Suppe auf. Krickenten sind schon im Federkleid sehr klein. Gerupft verschwinden sie in einer Hand. Leider mussten wir ihn ohne Brot kochen, aber Salz und Pfeffer gaben der Suppe die notwendige Würze. Wir hatten neue Kräfte geschöpft und brachen nach dem Essen auf. Wir mussten jetzt möglichst unser Basislager wiederfinden, da wir dort noch einige Lebensmittel zurückgelassen hatten.

Unterwegs gelang es mir, ein Haselhuhn zu erlegen. Tatsächlich kamen wir nach einiger Zeit in eine uns bekannte Gegend und fanden dann auch schnell das Lager. Wir brieten den Haselhahn, kochten Reis und tranken starken Kaffee, den Sergei Pawlowitsch aus *Moskau* mitgebracht hatte. Um den Kaffeesatz nicht mittrinken zu müssen, nahm er zwei leere Milchbüchsen und schlug in den Boden mit einem

Nagel und einem Stein kleine Löcher, so dass die Büchsen Siebfunktion übernahmen. Sie wurden auf unsere Tassen gestellt, zur Hälfte mit Kaffee gefüllt und dann wurde heißes Wasser aufgegossen. Filterkaffee hatte ich bis dahin in der Taiga noch nicht getrunken.

Danach suchten wir beide getrennt nochmals einen Balzplatz auf. Ich hörte und sah einen Hahn. Sergei Pawlowitsch kam ergebnislos zurück. Er schrieb sich alle Orte auf, an denen wir Auerwild sahen, ebenso die Zahl der balzenden Hähne, um es zu Hause mit Daten vorhergehender Jahre zu vergleichen. Am nächsten Morgen regnete es in Strömen. Wir waren bis auf die Haut nass, da wir im Freien genächtigt hatten. Trotzdem zogen wir nochmals zur Balzplatzkontrolle aus. Ich entdeckte einen Hahn, der nicht balzte. Es war sinnlos, hier weiter zu verweilen. Wir brachen mittags auf, um nach *Maximovka* zurückzukehren. Dort zogen wir trockene Sachen an, gingen einkaufen und ruhten aus.

In den letzten Tagen hatten wir wiederholt Schnepfen hochgemacht, so dass ich beschloss, abends auf den Schnepfenstrich zu gehen. Den Platz dafür hatte ich mir bereits ausgesucht. Es war ein kleines Tälchen, in dem die Schnepfen entlang des Baches strichen. Am Abend sah ich 20 Schnepfen, kam viermal zu Schuss, erlegte aber nur zwei Schnepfenhähne. Sergei Pawlowitsch kam zurück, ohne Auerwild gesehen zu haben. Er war schlechter Laune und meckerte, dass ich Schnepfen geschossen hatte und nicht am Balzplatz war.

Dafür war ich am nächsten Morgen wieder am Balzplatz. Sergei Pawlowitsch hatte sich bereits aufgemacht, als ich aufstand. Er hatte den weiteren Weg. Ich hörte und sah einen Hahn und eine Henne. Sergei Pawlowitsch kehrte mit mürrischem Gesichtsausdruck sehr spät wieder, ohne einen Ton zu sagen. Ich fragte nicht, vermutete aber, dass er nichts gesehen hatte. Während er pausierte, suchte ich den Fluss auf, zog mich aus, tauchte einmal kurz in dem eiskalten Wasser unter und sonnte mich. Die Temperatur lag bei +25 Grad. Dann rupfte ich die Schnepfen und bat unseren Wirt, eine Suppe daraus zu kochen. Er hatte Zwiebeln Möhren und Kartoffeln.

Am Nachmittag tischte er die schmackhafte Suppe auf. Jeder hatte auf seinem Teller eine gekochte Schnepfe liegen. Akribisch knabberte Sergei Pawlowitsch jeden Knochen ab. Es schien ihm sehr gut zu schmecken. Ich enthielt mich aber jeglichen Kommentars.

Nachmittags bauten wir ein Versteck für Sergei Pawlowitsch am Balzplatz. Abends zog ich wieder auf den Schnepfenstrich, schoss aber diesmal zweimal vorbei bzw. kam eine im Gleitflug herunter, aber ich fand sie nicht. Die Nachsuche am Morgen verlief ergebnislos.

Die nächste Nacht wurde wieder bitterkalt (-15 Grad). Morgens lag die Taiga unter einer dicken Reifdecke. Wir suchten heute einen 20 km entfernten Balzplatz auf, an dem Sergei Pawlowitsch früher

Burunduk, das Streifenhörnchen, lebt auf Bäumen ...

Auerwild gefangen hatte. Unterwegs sahen wir überall die possierlichen kleinen Streifenhörnchen (*Burunduk*), die völlig vertraut waren und den Menschen nicht als ihren Feind kennen. Sie waren jetzt aus ihrem Winterschlaf erwacht. Sergei Pawlowitsch zeigte mir die „Käfige", in denen er die gefangenen Auerhühner aufbewahrt hatte. Es waren zwei massive, aus dicken Baumstämmen gefertigte 2 x 1 Meter große Behältnisse, in denen man auch größere Tiere halten könnte.

Heute kam Sergei Pawlowitsch mit auf den Schnepfenstrich! Er kannte angeblich einen sehr guten Platz. Wir sahen auch 45 Minuten lang viele Schnepfen streichen, kamen aber nicht einmal zu Schuss, da wir völlig verkehrt standen. Sergei kannte offensichtlich diese Art der Schnepfenjagd nicht, wollte das aber künftig auch versuchen.

Wir waren kaum in unserem Lager, als ein gewaltiger Sturm aufkam. Es knackte und krachte in der Taiga, überall stürzten Bäume um. Sergei Pawlowitsch rief mir zu: „Lass alles liegen wir kriechen in die Auerwildkäfige." Diese sind ein Meter hoch. Blitzschnell kriechen wir jeder in ein solches Behältnis. Beim Einschlüpfen sah ich noch eine große Eule, die an uns vorbeistrich, ohne nähere Einzelheiten zu erkennen, da es bereits zu dunkel war. Es krachte rings um uns herum und ich erwartete jeden Moment einen Baum auf dem Käfig. An Schlafen war nicht zu denken. Erst gegen Morgen ließ der Sturm nach, so dass wir uns heraustrauten.

Unser Gepäck ist von Zweigen und Ästen bedeckt. Die Taiga bietet ein Chaos. Wir beschlossen, mittags nach *Maximovka* zurückzukehren. Dort verbrachten wir noch zwei Tage. Sergei Pawlowitsch besuchte Balzplätze. Ich versuchte mich noch einmal auf dem Schnepfenstrich, sah auch viele Schnepfen, kam aber nicht mehr zu Schuss.

Am Abend des dritten Tages beendeten wir die Aktion „Auerwild". Wir nahmen unser Gepäck, marschierten bis zur Straße und erwischten um 22 Uhr ein Holzabfuhrfahrzeug, das uns nach *Ust Bargusinsk* mitnimmt. Dort übernachteten wir bei Bekannten von Sergei Pawlowitsch in einem eiskalten, ungeheizten Raum ohne Decken, bekamen dafür aber morgens ein Frühstück mit Brot, Kartoffeln und Speck. Wir besorgten uns Tickets und flogen bei herrlichem Wetter nach *Ulan Udé*, wo wir gleich eine Anschlussmaschine bekamen, so dass wir schon mittags in *Irkutsk* eintrafen.

Auf dem Flugplatz gönnten wir uns ein Abschiedsessen, werteten unsere Expedition kurz aus und verabredeten ein Treffen in *Moskau*, wenn ich wieder nach Hause fahre. Sergei Pawlowitsch verließ *Ir-*

... ist aber auch am Boden anzutreffen.

kutsk, und ich fuhr mit einem Taxi ins Wohnheim. Dort brauchte ich zwei Tage, um meine Sachen zu säubern und zu ordnen, sowie die umfangreiche Post zu bearbeiten.

Auf Basthirsche

Bei meinen Literaturstudien in der Hochschule hatte ich schon viel über die Verwendung von Bastgeweihen in der ostasiatischen Medizin gelesen. Ich wusste, dass es in bestimmten Gebieten Sibiriens große Farmen geben sollte, in denen den Hirschen die neu wachsenden Geweihe abgeschnitten werden, die dann in ostasiatische Länder verkauft werden. Aber mir war neu, dass man Basthirsche in freier Wildbahn bejagt, da das Rotwild in Europa in der Regel in dieser Zeit nicht erlegt wird. So nahm ich mit einem gewissen innerlichen Widerwillen Ende Mai eine Einladung von Nikolai Sergejewitsch an, an einem Wochenende mit nach *Molte* zu fahren, um auf Basthirsche zu jagen. Ich wollte wissen, ob überhaupt eine Chance besteht, einen Basthirsch zu erlegen und was dann mit dem Geweih gemacht wird. Außer Nikolai kamen noch Lonja und Alexei mit.

Wir starteten Freitagnachmittag mit einem Jeep. Die Taiga bot jetzt im Frühjahr einen ganz anderen Anblick als im Winter. Es lag nirgendwo mehr Schnee. Die Feuchtgebiete und Bäche standen voller Wasser. Die Berghänge am *Baikal* waren rötlich gefärbt von der Blüte des *daurischen Rhododendrons*. Auf den Wiesen blühten *Trollblumen*, *Türkenbundlilien* und über zwei Meter hohes *Edelweiß*, dass ich erst als solches erkannte, als ich von einem Felsen nach unten auf die Blüte blickte.

Die Mückenplage setzte gerade ein. Dagegen hatte Alexei ein selbst hergestelltes Mückenschutzmittel, dessen Grundsubstanz aus Hirschtalg bestand. Was sonst noch darin enthalten war, verriet er nicht. Der Gestank war jedenfalls kaum auszuhalten. Jeder von uns erhielt eine kleine Dose. Ich nahm mir vor, das Mittel nur im äußersten Notfall einzusetzen. Nach unserer Ankunft säuberten wir die Hütte, tranken Tee und verzehrten unsere mitgebrachten Essensvorräte. Ich war gespannt, wie die Jagd jetzt stattfinden sollte, da ein Pirschen quer durch die Taiga bei der jetzt geringen Sichtweite kaum erfolgreich sein konnte.

Nikolai Sergejewitsch hatte einen Plan: „Wir werden jeder an einer Salzlecke ansitzen. Dort haben wir Erdlöcher, so dass man nicht gesehen wird. Es wird anstrengend werden, denn ihr müsst still sitzen, und keiner darf rauchen." Auf meine Nachfrage erfuhr ich, dass es sich um natürliche Salzquellen handelte. Das Rotwild zieht dorthin

Farbenprächtiger Frühling am Baikal – Trollblume und Anemone

und nimmt die salzhaltige Erde auf. Dann brachen wir auf. Alexei brachte mich zu meinem Stand. Ich kroch in das Ansitzloch, das mit Ästen nach oben hin abgedeckt war. Es war nicht sehr groß, und enthielt immerhin einem Holzklotz zum Sitzen. Vor mir hatte ich eine kleine Öffnung, durch die ich auf die „Salzlecke" blicken konnte. Ich lehnte mich an der Rückwand und versuchte, eine möglichst bequeme Position einzunehmen.

Selbst am Baikalufer müssen sich Menschen gegen Mücken schützen

Es dauerte nicht lange, da schliefen mir die Beine ein. Durch eine Stellungsänderung versuchte ich, sie wieder beweglich zu machen. Ein Ausstrecken der Beine war unmöglich. Dann fielen die ersten Mücken über mich her, die ich durch vorsichtiges Totdrücken bekämpfte. Nach einer halben Stunde musste ich zum Mückenschutz von Alexei greifen. Gesicht, Nacken und Hände wurden eingerieben. Ich hielt es vor Gestank kaum aus und war froh, als die Dunkelheit anbrach und ich das Ansitzloch verlassen konnte. Mit der Taschenlampe kontrollierte ich die Salzlecke, fand aber keine frische Rotwildfährte. Nur alte ausgewaschene Trittsiegel waren zu erkennen. Die anderen hatten ebenfalls nichts gesehen.

Zum Morgenansitz gingen Lonja und ich nicht mit, weil wir uns nicht vorstellen konnten, dass man im Dunkeln störungsfrei zum Ansitzloch kommt. Wir standen erst auf, als die Sonne aufging und pirschten auf einem Rotwildwechsel langsam ein kleines Tal bergauf. Als wir um eine Felsecke bogen, standen auf 200 Meter drei starke Hirsche vor uns. Sie hatten uns aber bereits bemerkt und setzten sich langsam hangaufwärts in Bewegung. Mit unseren Flinten waren wir machtlos. Aber allein der Anblick stimmte uns optimistisch, da wir nun wussten, dass Hirsche da waren.

Wir pirschten langsam und vorsichtig weiter. Von weitem hörten wir Vogelgeschrei und Fluggeräusche, die mir nicht bekannt waren. Das Tal erweiterte sich an dieser Stelle zu einem Kessel durch den etwa 300 bis 400 relativ große Limikolen (Schnepfenvögel) sausten und dabei schrille Schreie ausstießen – ein beeindruckendes Naturschauspiel. Sie sind gut 300 Meter von uns entfernt. Mir ist klar, dass es sich um eine Limikolenart handelte, aber ich kann ohne Fernglas die Art im schnellen Flug nicht identifizieren. Auf meinen fragenden Blick zu Lonja sagte er: „Das ist die asiatische Bekassine, die hierher zur Balz kommt. Sie brüten hier aber nicht." Ich wusste nicht, ob das eine Verlegenheitsantwort war oder der Wahrheit entsprach. Wir kehrten zur Jagdhütte zurück und bereiteten das Frühstück vor. Ni-

Daurischer Rhododendron

kolai und Alexei kamen enttäuscht zurück, da sie keinen Anblick gehabt hatten.

Am Abend wollten wir es noch einmal versuchen. Ich bestand auf einen neuen Platz, weil ich nicht noch einmal zwei Stunden in dem Loch verbringen wollte. Nikolai Sergejewitsch brachte mich diesmal zu einem Schirm, der in der Nähe eines Hauptwechsels stehen soll. Er war etwas lückig und stand an einer Altkiefer. Ich besserte ihn schnell etwas aus und schloss die Lücken, so dass ich nur nach vorne schießen konnte. Angelehnt an die Kiefer, saß ich hier viel bequemer als am Abend zuvor. In der Dämmerung setzte ein guter Schnepfenstrich ein.

Ungefähr 15 Mal ziehen an mir auf Schussentfernung die Langschnäbel vorbei talaufwärts. Ich verkniff mir aber einen Schuss, da ich eventuell in der Nähe stehendes Rotwild nicht vergrämen wollte. Der Wind küselte aber ständig, so dass anwechselndes Rotwild mit Sicherheit Witterung von mir bekommen hätte. Die anderen hatten auch keinen Anblick. Ich merkte aber auch, dass die Sibirier keine Ansitzjäger sind, sondern lieber pirschen.

Am nächsten Morgen regnete es. Nikolai Sergejewitsch gab den Befehl zum Liegenbleiben. Es war ein herrliches Gefühl, wenn der Regen auf das Dach der Hütte prasselte und man noch schlafen konnte.

Türkenbundlilie (links) und Edelweiß von gewaltiger Höhe (rechts)

Basthirschrudel am Baikal

Nach dem Frühstück fuhren wir zurück nach *Irkutsk*, da dort andere Aufgaben auf uns warteten. Leider blieb es meine einzige Jagd auf Basthirsche.

Auf der Rückfahrt fragte ich Alexei, was er mit einem Bastgeweih machen würde. „Wenn man es konservieren und verkaufen will, ist das ein schwieriger, lang andauernder Prozess. Ich nehme das Geweih, so wie es ist, und drehe es durch den Fleischwolf. Dann gieße ich Wodka auf diese Masse. So kann man es eine Zeitlang halten. Täglich ein bis zwei Esslöffel davon steigern die Potenz und die Gesundheit. Es wird meistens nicht alt, da viele Bekannte etwas davon haben wollen. Ich habe den letzten Basthirsch vor drei Jahren erlegt. Man braucht schon etwas Glück."

Hirschfarmen im Altai

Bis Ende Mai hatte ich eigentlich alle wichtigen Teile der Jagdwirtschaft Sibiriens kennengelernt – mit einer Ausnahme: Das war die Gewinnung von Bastgeweihen bei Hirschen. Meine Heimfahrt war für Juli avisiert. Ich ging zu Nikolai Sergejewitsch und fragte ihn, ob es nicht möglich wäre, eine Hirschfarm zu besuchen, um das gesamte Management in so einer Farm anzusehen. Er sah mich an, lächelte und sagte: „Hier in der Gegend gibt es keine Hirschfarmen. Da müssen wir in den *Altai*. Dort herrscht besseres Klima, und es gibt große Weideflächen, auf denen sich Rotwild ernähren kann. Wenn man in so eine Farm will und sehen möchte, wie die Bastgeweihe genutzt werden, muss man den richtigen Zeitpunkt abpassen, und der ist Ende Juni/Anfang Juli."

Ich sah ihm an, dass er der Sache keine große Chance gab, da so eine Reise auch kostenaufwendig war, hakte aber nach: „Kann man nicht wenigstens probieren, ob die Genehmigungen zu bekommen sind?" Nikolai Sergejewitsch dachte nach, und ich merkte, dass er selbst Interesse an so einem Besuch hatte. „Ich habe einen Studienfreund, der in der Nähe von *Gorno Altaisk* so eine Farm leitet. Mit dem werde ich erst einmal Verbindung aufnehmen und ihn fragen, ob dort ein Besuch möglich ist." Mit diesen Worten entließ er mich. Ich hoffte, dass das Gebiet nicht für Ausländer gesperrt war.

Ich war schon in einer gewissen Heimfahrtstimmung. Mehrfach wurde ich zu Schiffsfahrten oder Ausflügen zum *Baikal* eingeladen. Die herrliche Landschaft konnte ich nicht oft genug sehen. Als wir einmal mit dem Auto zu dritt am *Baikal* weilten und am Ufer das typisch russische Frühstück mit Tomaten, Gurken, Jagdwurst, Käse, Brot und Wodka einnahmen, tauchte im spiegelglatten Wasser auf 200 Meter eine *Baikalrobbe* auf und äugte interessiert zu uns hin.

Sofort lief einer der beiden Jäger zum Auto, holte seine Gewehr und lud Flintenlaufgeschosse. Dann kniete er sich hin und feuerte auf den kleinen Kopf der Robbe, die sich aber durch den Schuss nicht beeinträchtigen ließ. Das Flintenlaufgeschoss klatschte 50 Meter vor ihr ins Wasser. Auch der zweite Schuss hatte die gleiche Wirkung. Daraufhin protestierte ich heftig „Die Robben haben doch gar keine Schusszeit. Wenn du wirklich triffst, wer holt die Robbe aus dem eiskalten Wasser?" Der dritte unbeteiligte Jäger lachte: „Sascha hör auf! Du kannst doch gar nicht schwimmen. Christoph Iwanowitsch und ich gehen nicht in das kalte Wasser." Verlegen brachte Sascha seine Flinte wieder ins Auto, und wir hatten für den Rest des Frühstücks genügend Gesprächsstoff über Schonzeiten, Wilderei und Disziplin.

Ich wusste, dass die russischen Sportjäger selten lebendes Wild sehen und sie dann auch jede Gelegenheit nutzen wollen, um Beute zu

Russisches Frühstück am Baikal

machen. Das kannte ich ja von sowjetischen Offizieren in meiner Heimat. Ich versuchte ihm klar zu machen, dass diszipliniert gejagt werden muss, wenn man Wildbestände erhalten will. Ein guter Bekannter, der Wissenschaftler und Dozent an der Fakultät war, erzählte mir bei einer Feier, dass er die Gegend von Schwerin gut kenne. „Bist du dort als Soldat stationiert gewesen?", fragte ich ihn. „Nein wir haben eine Spezialübung beim Militär gemacht. Als geheimes Einsatzkommando wurden wir im Eiltempo von *Novosibirsk* nach Schwerin verlegt. Wir mussten uns von dem, was in der Natur vorkommt, ernähren. In der DDR war das keine Kunst. Es war wie im Tierpark. Überall gab es reichlich Hasen, Rehe und Schweine. Es hat gar keiner bemerkt, dass wir da einige Stücke mit Schalldämpfern auf unseren Waffen erlegt haben."

Mitte Juni fragte ich Nikolai Sergejewitsch, wie es um unsere Dienstfahrt in den *Altai* bestellt wäre. Er lächelte *Budjet!* Diese Antwort sagte mir, dass noch eine gewisse Chance bestand. Am 25. Juni bestellte er mich zu sich. „Übermorgen fliegen wir für einige Tage nach *Barnaul*. Jetzt gehen wir beide in die Buchhaltung, um Geld für die Reise zu holen." Wie hatte er das denn geschafft? Ich sprach ihn während unserer Reise und auch noch in späteren Jahren, wenn wir uns auf internationalen Tagungen trafen, immer wieder daraufhin an. Jedes Mal lächelte er nur, sagte aber nichts.

Die Zeit verging wie im Flug. Am Tag der Abreise hatte mich Nikolai Sergejewitsch um 9 Uhr auf den Flugplatz bestellt. 15 Minuten vorher war ich dort. Nikolai kam um 11 Uhr! Eine Stunde später starteten wir mit einer AN 24, einem mittelgroßen Propellerflugzeug. Nach einer Zwischenlandung in *Krasnojarsk* flogen wir weiter nach *Novosibirsk*. Dort mussten wir übernachten.

Wir hatten viel Zeit, gingen durch die Stadt und Nikolai Sergejewitsch benutzte die Gelegenheit, um in einem Autoladen nach Ersatzteilen für seinen *Moskwitsch* zu schauen. Das machte er in allen größeren Städten, in denen es solche Läden gab. Ich kannte das Problem aus der DDR ausreichend. Bei jeder Dienstreise hatte man seine Anlaufpunkte für Autoersatzteile und Werkzeuge. Mittags und abends speisten wir vornehm in Hotels. Nikolai kannte sich in ortsspezifischen Spezialitäten gut aus. In Erinnerung geblieben ist mir eine Frühlingssuppe *Okroschka* aus grünen Gurken und Sahne (*Smetana*), die kalt serviert wurde. Bei Temperaturen von +25 Grad war das eine herrliche Erfrischung.

Abends gingen wir ins Theater. Ich war etwas zögerlich, da ich von meiner Kleiderordnung her darauf nicht eingerichtet war. Nikolai Sergejewitsch lachte nur: „Sieh mich an! Wir gehen mit kurzärmligen Hemden und dreckigen Hosen dorthin und werden nicht auffallen." So war es dann auch. Das „Theater" war eine bunte Veranstaltung von Varieté bis zur Oper. Viele Zuschauer kamen aus den umliegenden Dörfern. Die Nacht verbrachten wir im Intouristhotel. Das Zimmer war voller Mücken, und ich war froh, als die Nacht zu Ende war.

Um 7 Uhr startete bereits unsere IL 18 nach *Barnaul,* wo wir 90 Minuten später aufsetzten. Dort bekamen wir sofort eine kleine Anschlussmaschine (AN 2) nach *Gorno Altaisk*. Das Fliegen mit einer AN 2 ist etwas gewöhnungsbedürftig. Bei dieser Maschine handelte es sich zudem noch um eine der primitiveren Ausführungen. Die Sitzbänke waren aus Holz und längs an den Seitenwänden angeordnet, so dass man quer zur Flugrichtung saß. Nach dem Abheben vom Erdboden zog der Pilot die Maschine steil nach oben, so dass wir trotz Haltegurten sofort seitlich auf den Bänken lagen. Die Tür zum Cockpit flog auf, da sie sich nicht verschließen ließ. Der Pilot lag umgeben von einem Kabelwirrwarr in seinem Sitz.

Es war mehr der Überraschungseffekt dieses Starts, der uns verblüffte. Als wir unsere Flughöhe von 400 Meter erreicht hatten, war alles wieder normal, so dass wir das schöne Wetter nutzen können, um uns die Landschaft von oben anzusehen. Wir überflogen das *Ob-Delta* und steuerten dann das *Altaigebirge* an. In *Gorno Altaisk* wurden wir von einem Mitarbeiter der Betriebsverwaltung herzlich empfangen, und zum Essen eingeladen. Ich merkte, dass unser Besuch gut vorbereitet war. Nach dem Essen drückte er uns Autobuskarten in die Hand. „Jetzt müsst ihr noch 3½ Stunden mit dem Autobus bis nach *Schebalinsk* fahren, um zur Hirschfarm zu kommen."

Ankündigungsmonument für die Hirschwirtschaft

Es war sehr heiß. Wir fuhren durch eine herrliche Vorgebirgslandschaft und tauchten immer wieder ins Gebirge ein. In *Schebalinsk* stiegen wir schwer gezeichnet von der Busfahrt über schlechteste Straßen aus und trafen einen freundlichen Jeepfahrer, der uns zur Hirschfarm beförderte. Der Direktor *Valentin Semjonowitsch Galkin* umarmte seinen Studienfreund Nikolai Sergejewitsch und entschuldigte sich, dass er uns nicht vom Bus abgeholt hatte, weil er irgendwelche Schwierigkeiten in seinem Betrieb lösen musste. Er stellte uns seinen Mitarbeiter *Nikolai Markowitsch Popow* vor, der uns in den nächsten Tagen begleiten sollte. In der Verwaltungsbaracke gab es ein Gästezimmer mit zwei Betten, in das wir einquartiert wurden.

Der Direktor lud uns zu einem Umtrunk ein, denn er merkte, dass unsere Kehlen völlig trocken waren. Wir konnten kaum noch reden. Dabei gab er uns einen Überblick über das Ziel und die Bedeutung von Hirschfarmen. Im *Altai* gab es 25 derartige Betriebe. Die Bastgeweihe der Hirsche bezeichnete man als *Panti*. Die Pantiwirtschaft war praktisch der einzige Fall, bei dem das Geweih in Sibirien Bedeutung bekam. Die Bewertung des Geweihs als Trophäe war den einheimischen Jägern unbekannt. Im Verlauf der Entwicklung des Jagdtourismus hat man heute allerdings gemerkt, dass man mit dem Verkauf von Trophäenträgern an ausländische Jäger erhebliche Einnahmen erzielen kann.

Seit langer Zeit wurden besonders von den Chinesen hohe Preise für Bastgeweihe bezahlt. In *China* und in einigen anderen fernöstlichen Staaten ist *Panti* eins der wichtigsten Heilmittel, das der Kräftigung und Stärkung des menschlichen Organismus dient. Die ab 1931 systematische Überprüfung dieser zunächst nur in der Volksmedizin bekannten Heilwirkung durch russische Mediziner bestätigte die therapeutischen Wirkung.

Die konservierten Bastgeweihe wurden zum größten Teil exportiert. In *Russland* stellte man aus ihnen Pantokrin her, ein begehrtes Heilmittel bei Herzkrankheiten. Bei mangelnder Funktion des Magens erhöht es die Produktion der Magensäfte. Das Mittel hat Fermentwirkung, regt die Nierentätigkeit an und erhöht die männliche Geschlechtskraft. Impotente sollen ihre Geschlechtskraft zurückerhalten. Nach Operationen bewirkt es eine rasche Heilung und Wiederherstellung des Selbstgefühls. Es beruhigt das Nervensystem.

Bei einigen östlichen Völkern gilt es als höchste Ehre, wenn der Mann bei der Hochzeit *Panti* geschenkt bekommt. Je größer die Menge, desto höher die Ehre. Das praktisch unbegrenzt haltbare konservierte Bastgeweih wird an besonderen Plätzen aufgehängt und soll so die Manneskraft bis ins hohe Alter erhalten. Das gut konservierte Bastgeweih wird zu hohen Preisen gehandelt, dabei ist das *Panti* vom Sikawild drei bis viermal teurer als das vom *Maral*.

Für die Gewinnung von *Panti* eignen sich nur *Maral, Isubra* und *Sikahirsch*, obwohl neuere Forschungen ergeben haben, dass man auch von anderen Cerviden *Panti* gewinnen kann. Der Sikahirsch kommt in *Russland* in freier Wildbahn nur im Fernen Osten, im *Primorsker Gebiet*, vor. Dort lebt er jedoch in so geringer Anzahl, dass er kaum bejagt werden kann und zum Teil unter völligem Schutz steht.

In freier Wildbahn wurden wenige Basthirsche erlegt. Valentin Semjonowitsch schätzte den Abschuss 1970 auf insgesamt 400 bis 500 Stück, die 600 bis 700 kg *Panti* ergaben. Ein Abschuss war nur mit einer Lizenz möglich. Dafür war eine hohe Qualifikation des Jägers notwendig. In den relativ wildarmen Taigagebieten war der Abschuss nur nachts an Salzlecken möglich. Darin hatte ich ja schon Erfahrungen gesammelt.

Der Kopfschmuck musste hinsichtlich seines Entwicklungsgrades genau angesprochen werden, da bereits verknöcherte Geweihe wesentlich geringere Preise erzielten bzw. wertlos waren, während zu geringe Geweihe einen Verlust möglicher Höchstwerte bedeuteten. Das Geweih sollte möglichst groß und endenreich, aber noch nicht verknöchert sein. Letzteres hängt vom Alter des Hirsches und bestimmten Umweltfaktoren ab. Ein genauer Zeitpunkt der Reife des Geweihs

Basthirschrudel auf dem Gelände der Hirschfarm

lässt sich daher nicht festlegen, sondern muss individuell angesprochen werden. Wie schwer Hirsche nachts auch auf kurze Entfernung anzusprechen sind, wissen alle Rotwildjäger.

Im Durchschnitt schwankte die Schusszeit für Basthirsche zwischen 25. Mai und 25. Juni. Je nach dem Verlauf von Winter und Frühjahr konnte sie etwas verschoben werden. Zu diesen Schwierigkeiten kam noch hinzu, dass der Jäger nach der Erlegung die nicht einfachen und viel Fingerspitzengefühl erfordernden Behandlungs- und Konservierungsmethoden der Bastgeweihe kennen und selbst ausführen musste. Von der richtigen Konservierung hängt die Qualität des *Panti* entscheidend ab. Ich dachte an den Bericht von Alexei über Bastgeweihe, die durch den Fleischwolf gedreht wurden und fragte Valentin Semjonowitsch danach. Er hatte davon gehört, distanzierte sich aber von dieser Methode, da sie durch keine wissenschaftliche Untersuchung belegt sei.

Die chemische Zusammensetzung der Bastgeweihe unterscheidet sich bei den drei genannten Arten, daher kamen die Wertunterschiede. In freier Wildbahn erbeutete Geweihe wurden höher bezahlt als solche aus Gattern. Für die Jagdwirtschaft hatten jedoch die in den

Sika in der Entnahmestation. Oben: ein Eimer voll abgesägter Stangen

Gattern gewonnenen Bastgeweihe eine größere Bedeutung, da sie in größerer Menge anfielen. In den Hirschwirtschaften wurden nur *Marale* und *Sikahirsche* gehalten. Die *Isubra* haben von der Qualität her ähnliche Geweihe wie *Marale*, aber in deutlich kleineren Dimensionen. Gegenwärtig (2006) werden in Europa in großem Umfang Geweihstangen aller Cerviden aufgekauft und zerraspelt nach Ostasien verkauft, wo sie zur Herstellung von Arzneimitteln verwendet werden.

Mit der Gewinnung von *Panti* begann man in den 60er Jahren des 18. Jahrhunderts im *Altai*. *Chinesische* Händler kauften Bastgeweihe von Hirschen, die von Jägern in freier Wildbahn erlegt wurden. Der rasch einsetzende erhöhte Bedarf führte zu einer starken Bestandesreduktion des *Marals* im *Altai*. Daher wurde in den 40er Jahren des 19. Jahrhunderts mit dem Lebendfang von *Maralen* begonnen, um sie in Gehegen zu halten. Es erfolgte eine rasche Ausbreitung dieser Methode im gesamten *Altai*. 1897 gab es bereits 201 Betriebe, in denen 3.180 *Marale* lebten. 1933 wurden über 200 *Sikahirsche* aus dem Fernen Osten eingeführt. 1963 war der Farmbestand auf rund 8.000 *Marale* und 4.500 *Sikas* angewachsen.

Es wurde ein spezielles Laboratorium gegründet, in dem sich fünf Wissenschaftler mit der Erforschung und Gewinnung von *Panti* beschäftigten. Zunächst schoss man die Basthirsche zum günstigsten Zeitpunkt der Geweihentwicklung ab. Das hatte den Nachteil, dass man von jedem Hirsch immer nur ein Geweih erhielt. Daher ging man bald dazu über, den jährlich nur die Baststangen abzusägen und die Hirsche selbst am Leben zu lassen. Dadurch wurde die Produktivität der Hirschfarmen um ein Vielfaches erhöht.

Die Tiere wurden in großen, nach Geschlechtern getrennten Rudeln in riesigen Gattern gehalten, in denen sie sich selbstständig ernähren konnten. Der Gatterzaun bestand aus Holz. Die Rudelgröße umfasst 50 bis 400 Stück. Nur im Winter erfolgte eine gewisse Zufütterung mit Heu und Kraftfutter. In dieser Zeit kam es gelegentlich auch zu bedeutenden Verlusten durch Wölfe.

Die biologische Reife der Stirnwaffen wurde bei jedem Hirsch individuell bestimmt, um das Geweih zum optimalen Zeitpunkt zu ernten. Ein Hauptmerkmal war dabei die Anzahl der Enden. Das Geweih eines ausgewachsenen *Marals* galt als reif, wenn sich an jeder Stange fünf Enden gebildet hatten. Bei guter Ernährung setzte die Verknöcherung später ein. In diesem Fall wartete man das Schieben des sechsten Endes ab. Als gut wird das frische *Panti* bezeichnet, wenn es nach dem Abschlagen des Geweihs sieben bis acht Kilogramm wog. Beim *Sikahirsch* galt das Geweih als reif, wenn sich an jeder Stange drei Enden entwickelt hatten, die 10 bis 12 Zentimeter lang waren.

Zur Entnahme der Geweihstangen wurden die Hirsche in eine Spezialbox getrieben und das Haupt fest verankert. Während der Operation saß auf dem Rücken des Stückes ein Arbeiter und hielt es fest, damit es nicht bockt. Die Stangen wurden 1,5 cm über den Rosen mit einer chirurgischen Säge abgetrennt. Dabei kam es zu Blutungen, deren Intensität von der Verfassung des Tieres abhing. Das Eintreiben in den Stand musste daher mit äußerster Ruhe erfolgen. Zum Unterbinden der Blutungen wurde eine Mischung von Alaun und Naphthalin auf die Wunde gerieben. Ersteres zog die Gefäße zusammen, letzteres diente der Fliegenbekämpfung. Während der Operation wurden die Lichter des Stückes mit einem Handtuch abgedeckt.

Zum gesamten Prozess der anschließenden Konservierung gehört sehr viel Erfahrung. In der Regel gab es in jeder Hirschfarm einen Spezialisten dafür. Das Bastgeweih, das im Wesentlichen aus Knorpel und Blut besteht, geht schnell in Fäulnis über. Durch die Konservierung werden die Geweihform, der Bast und die Haare über 100 Jahre lang erhalten. Früher wurden zur Konservierung Spezialisten aus *China* herangeholt. Nach der alten *chinesischen* Methode wurde heute noch gearbeitet. Diese beruht auf einem oft wiederholten kurzen Eintauchen in kochendes Wasser. Dazwischen erfolgten Lufttrock-

Heißluftbehandlung der Baststangen

nungen und Heißluftbehandlungen. Der Konservierungsprozess war beendet, wenn der obere Stangenabschnitt hart wird. Der Fachmann kann anhand der Bastfarbe, Porenanordnung, Farbe und Form des Stangenquerschnittes auf die Qualität des *Panti* schließen.

Mit Hilfe von Auswahlkriterien, die zum Teil deutschen Abschussrichtlinien entsprechen, versuchte man die Qualität der Geweihe zu erhöhen. Es gab deutliche genetische Unterschiede zwischen den Hirschen. Jedes männliche und weibliche Stück wurde markiert und genau erfasst. Exterieur, Kondition und Geweih wurden jährlich festgehalten. Ein Schwächerwerden der Geweihe trat im Alter von 10 bis 14 Jahren auf. Jedes Stück wurde jährlich gewogen, um über seine Körperentwicklung Aussagen treffen zu können. Zur Brunft wurden nur Elitehirsche mit über 9 kg Geweihgewicht im Alter von 6 Jahren oder über 12 kg im Alter von über 7 Jahren zugelassen. Auf einen Hirsch kamen dann fünf weibliche Stücke.

Wir erfuhren von Valentin Semjonowitsch auch, dass es eine Reihe von Nebenprodukten gab, mit denen sich Geld verdienen ließ: Decken, Abwurfstangen, Wedel, Fußknochen und Sehnen, Penis und Embryonen. Sie wurden getrocknet oder zermahlen abgegeben. Man kann aus fertigem *Panti* die Medizin auch selbst herstellen: Die konservierten Stangen wurden dazu pulverisiert und mit Zucker und Wein gemischt. Diese Mischung musste acht Tage im Dunkeln aufbewahrt werden. Danach mussten für eine Kur zwei Monate ein Teelöffel morgens und abends eingenommen werden.

In einer Fabrik wurde *Pantokrin*, eine klare gelbliche Flüssigkeit, hergestellt. Ich fragte Valentin: „Hilft denn diese Mischung wirklich?" Er steht auf, reckt den linken Arm in die Höhe, ballt die Faust und ruft: „*Rabotajet*" (er arbeitet). Vollgepfropft mit Daten gingen wir schlafen. Die praktische Arbeit wollten wir uns in den nächsten Tagen ansehen.

Am nächsten Morgen fuhren wir bei herrlichem Sonnenschein vier Kilometer zur „Maralbrigade". Das warme Wetter ermöglichte mir zahlreiche Fotos. Die Maralbrigade ist gerade voll in Aktion. „Das Schwierige an der ganzen Angelegenheit ist die ungleiche Reife der Geweihe in einem Hirschrudel", erklärte uns Nikolai Markowitsch. Jeden Morgen um fünf Uhr ritten drei Spezialisten in das über 1.000 Hektar große Gatter, in dem sich zur Zeit einige hundert Hirsche aufhielten. Mit den Pferden trieben sie die Hirsche, deren Geweihe sie als reif einschätzten, in ein spezielles Gattersystem, das an der Entnahmestation in einem Kral endete. Aus diesem wurden sie einzeln in ein Spezialgebäude lanciert.

Über Drehtüren kam der Hirsch zunächst auf eine Waage. Hier wurde das Körpergewicht bestimmt. Dann folgte der eigentliche Operationsraum. Dort wurden sie am Bauch eingehängt. Das Haupt wurde auf einen Sack gelegt und abgedeckt. Jetzt wurde ihnen mit einem Klappmechanismus der Boden unter den Läufen weggezogen. Ein Ar-

Ein Uralt-Lkw leistet hier immer noch gute Dienste

Eintreiben der Marale zur Ernte der Bastgeweihe

beiter saß auf dem Hirsch und hielt ihm die Stangen fest. Ein Kollege sägte ihm die Stangen direkt über den Rosen ab. Das alles spielte sich mit dem eingespielten Team in wenigen Augenblicken ab. Eine andere Mitarbeiterin rieb die Schnittstelle mit der Mischung aus Alaun und Naphthalin ein. Dann wird der entthronte Hirsch in die Freiheit entlassen und konnte sofort zum Rudel zurückkehren. Die abgeschnittenen Baststangen wurden mit den Schnittflächen nach oben hingestellt, damit das Blut nicht aus der Stange herauslaufen konnte. Sie wurden mit einem Pferdewagen in die Konservierungsstation gefahren.

Nachdem wir uns dies ausgiebig angesehen hatten, fuhren wir einige Kilometer weiter zur „Sikabrigade". Das *Panti* der *Sikahirsche* galt ja als noch wesentlich wertvoller als das der *Marale*. Dafür sind die Geweihe auch wesentlich kleiner. Sie bringen es nur auf geringe Sechser- oder Achtergeweihe. Die Mitarbeiter der Brigade trieben zu Pferd Hirsche in den Kral, die bis zur zweiten Sprosse geschoben hatten. Das Schwierige war bei den Sikas die ungleiche Entwicklung beider Stangen, so dass die meisten Hirsche zweimal zur Entnahmestation müssen. Wir sahen daher in einem Rudel verschiedene Hirsche,

Wiegen der Hirsche vor Entnahme des Geweihs

denen schon eine Stange fehlte, während die andere noch nicht voll entwickelt war. Mir fiel auf, dass die *Sikahirsche* wesentlich lebhafter waren. Deshalb bedeutete es eine ziemliche Schinderei, sie einzeln in die Entnahmestation zu bringen. Wir hielten uns hier nicht lange auf, da der gesamte Ablauf dem bei der Maralbrigade entspricht und fuhren zurück, um in der Kantine des Betriebes Mittag zu essen.

Zu dem herrlichen Sonnenschein war ein leichter Wind aufgekommen, der die Temperaturen erträglich machte. Nach dem Mittagessen

Wiegen und Vermessen der Geweihstangen

Transport der abgesägten Geweihe zur Konservierungsstation

besuchten wir eine aus Frauen bestehende Brigade, die ein Gatter mit weiblichen und jungen *Maralen* betreuten. Mit drei Frauen dieser Brigade ritten wir in das Gatter. Sie wollten frisch gesetzte Kälber suchen, wiegen, markieren und das Geschlecht zu bestimmen. Die Tiere, die in den letzten Tagen gesetzt hatten, standen nicht beim Rudel, sondern bewegten sich allein in der Nähe hoher Vegetation, in der sie ihre Kälber abgelegt hatten. Es war ungemein faszinierend, dass die *Marale* vor uns keinerlei Fluchtreflex zeigten. Als wir uns einem kleinen Rudel weiblicher Tiere, wahrscheinlich einjährige Schmaltiere, auf 50 Meter näherten, rief Nikolai Markowitsch: „Haltet einmal an. Ich steige vom Pferd." In dem Moment, als er auf dem Erdboden stand, setzte sich das Rudel hochflüchtig in Bewegung.

So ritten wir den ganzen Nachmittag langsam durch das unendlich große Gatter. Sowie die Frauen ein einzelnes Tier sahen, ritten sie darauf zu. Die Tiere näherten sich dann jeweils ihren im Gras liegenden Kälbern, um sie zu schützen. Mit Adleraugen entdeckten die Frauen dann das Kalb, das noch keine Fluchtreaktion zeigte. Sie notierten die Markierung der Mutter, sofern sie zu erkennen war, wogen und markierten das nach dem Geschlecht bestimmte Kalb. In drei Fällen bekamen sie die Kälber nicht, da sie offensichtlich schon zu alt waren und flüchteten, ehe sie gegriffen werden konnten. An diesem Nachmittag markierten wir neun Kälber. Das wurde als guter Erfolg gewertet, da die Hauptsetzzeit bereits vor 14 Tagen lag. Wir bedankten uns bei den Frauen und fuhren in unser Quartier zurück.

Valentin Semjonowitsch war von einer Beratung in *Barnaul* noch nicht zurück. Nikolai Sergejewitsch und ich hatten ein enormes Schlafdefizit, so dass wir uns schon um 19 Uhr, als die Sonne noch deutlich über dem Horizont stand, ins Bett legen und erst nach elf Stunden Schlaf wieder aufwachen. Das war mir seit Monaten zum ersten Mal gelungen. Nikolai Sergejewitsch konnte sich überhaupt nicht erinnern, jemals solange geschlafen zu haben. Daher fuhren wir am nächsten Morgen schon um 7 Uhr zur Maralbrigade, um alles noch einmal zu erleben. Danach ritten wir in das Hirschgatter und brauchten eine Stunde, ehe wir das Hauptrudel gefunden hatten. Die Hirsche ruhten in einem kleinen Tal unter alten Lärchen. Wir ritten mitten durch das etwa 250 Kopf starke Rudel und sahen einige der Hirsche, denen gestern in unserem Beisein die Stangen abgesägt worden waren. Es war ein enormes Erlebnis, wie vertraut die Hirsche gegenüber Pferden sind. Offensichtlich überstrahlte auch der Pferdegeruch den menschlichen.

Nachmittags waren wir wieder in der Entnahmestation und unterhielten uns mit den dort tätigen Kollegen über ihre Arbeit. Dann fuhren wir zurück, aßen Mittag und pausierten etwas. Anschließend bat uns Valentin Semjonowitsch in sein Labor. Hier machte er Experimente zur Gewinnung und Konservierung von *Panti*. „Die genaue

Absägen eines Sikageweihs

Wiegen und Markieren der Kälber

Zusammensetzung von *Pantokrin* und seine wissenschaftlich fundierte Wirkung auf den Menschen ist noch nicht bekannt", erläuterte er uns. „In der praktischen Medizin hat man aber positive Wirkungen auf den Menschen beobachtet." Zurzeit würde intensiv an der Erforschung des *Pantokrins* gearbeitet. Valentin Semjonowitsch zeigte uns auch einen Schädling, der im Bastgeweih fraß.

Dann kam urplötzlich die Nachricht vom Tod dreier Kosmonauten, die alle sehr bewegte. Sämtliche Aktivitäten wurden eingestellt. Alle Menschen in unserer Umgebung saßen vor Fernsehern oder Rundfunkgeräten und lauschten den Nachrichten.

In den letzten zwei Tagen unseres Aufenthaltes in *Schebalinsk* regnete es. Wir sahen zu, wie die Geweihe konserviert wurden. Der Prozess dauerte für jedes Geweih etwa vier Monate. Nach einem bestimmten System, das ich aber nicht durchschaute, kam es im täglichen Wechsel zum Eintauchen der Geweihe in siedendes Wasser,

Kalt- und Heißlufttrocknung. Oft wurden auch noch einzelne Geweihteile zusätzlich mit heißem Wasser behandelt. Der Meister schaute sich jedes Geweih nach jeder Behandlung an und entschied dann, wie es mit der einzelnen Stange weitergeht. Zu dem ganzen Prozess gehörte unerhört viel Erfahrung.

Mich interessierten noch die Maximalgewichte von den Hirschen. Es sollte in den verschiedenen Hirschfarmen genetisch bedingte Unterschiede geben. In *Schebalinsk* hatte der stärkste Hirsch 353 kg Lebendmasse bei einem Geweihgewicht von 13,2 kg. In zwei anderen Hirschfarmen lagen die Werte bei 400/12 kg bzw. 280/18 kg. Aus diesen Maximalwerten war kein Zusammenhang zwischen Körper- und Geweihgewicht ablesbar.

An einem Nachmittag fuhren wir in eine 50 km entfernte Hirschfarm. Dort sahen wir aber keine lebenden Hirsche, da ihre Panti-Aktion bereits mittags beendet wurde. Hinsichtlich der Konservierungsmethoden konnten wir auch keine neuen Erkenntnisse gewinnen.

Dann kam der Tag der Abreise. Wir mussten um 5 Uhr starten, da noch andere nach *Gorno Altaisk* fahren wollen. Wir saßen zu siebt in einen Jeep. Fast zwei Stunden Fahrt auf schlechten Straßen bedeu-

Uralter Maralhirsch

teten Höchstbelastung für Auto und Insassen. Zweimal mussten wir unterwegs halten, um das Blut in unseren Gliedern pulsieren zu lassen. Aber pünktlich erreichten wir die AN 2, die uns nach *Barnaul* bringen sollte. Sie war zu 150 Prozent ausgebucht und hatte Schwierigkeiten hochzukommen. Ich staunte über das Risiko, das der Pilot eingeht. Nikolai Sergejewitsch beruhigte mich: „Auf dieser Strecke sind die Maschinen immer voll, da andere Transportwege zu viel Zeit kosten. Die Piloten sind Überlast gewöhnt."

In *Barnaul* verschlechterte sich die Situation. Alle Maschinen nach *Irkutsk* waren auf Tage ausgebucht. Wir mussten warten, ob irgendwelche Passagiere nicht kamen. Daher konnten wir den Flugplatz nicht verlassen. Die letzte Maschine kam aus *Kiew* und soll direkt nach *Irkutsk* weiterfliegen. Wir gingen zum Flugplatzkommandanten, einer freundlichen Frau. Nikolai Sergejewitsch beschrieb ihr unsere Situation. Er benutzte mich als Ausländer mit dringenden Geschäften in *Irkutsk*. Die Passagiere waren bereits eingestiegen und die Einstiegsluke wurde gerade geschlossen. Der Pilot startete die Motoren. Die Flugplatzkommandantin winkte dem Flugzeugkapitän, der daraufhin die Motoren abstellte, eine Luke öffnete und ausstieg. Er war ausgesprochen freundlich und sagte uns einen Platz im Flugzeug zu. Er stieg wieder ein und nach zehn Minuten öffnete sich die Luke, und wir wurden hereingebeten.

Der Kapitän hatte seine beiden Stewardessen auf Notsitze gesetzt und wir durften ihre Plätze einnehmen. Kein Wunder, dass sie uns mit feindlichen Blicken musterten. So etwas kann man nur in Sibirien erleben. Um 22 Uhr landeten wir wieder in *Irkutsk*. Wir luden den Kapitän aus Dankbarkeit zu einem kurzen Essen ein. Er erzählte uns, dass er in seiner Jugend oft in der Taiga war und die *Ewenken* gut kennt. Dort hatte er auch ihren Grundsatz kennengelernt, der besagt: „Wenn du jemanden in Not antriffst, hilf ihm solange du kannst." Das war seine Motivation, uns heute mitzunehmen.

Um Mitternacht traf ich im Wohnheim ein und fand lange nicht in den Schlaf, da ich die Erlebnisse der vergangenen Tage erst verarbeiten musste.

Zurück in die Heimat

Die Tage bis zu meiner Abreise in die Heimat vergingen jetzt wie im Flug. Ich hatte für den 12. Juli bei Aeroflot nach *Moskau* gebucht und dies auch per Telegramm an *Sergei Pawlowitsch Kirpitschov* mitgeteilt. Am 13. sollte es dann mit Interflug von *Moskau* nach Berlin weitergehen. Die verbleibenden Tage benötigte ich, um Pakete mit Winterbekleidung nach Hause zu schicken und den Freunden und Bekannten Fotoapparate, Schlafsack und andere Utensilien zu schenken. Ich musste mich von vielen Leuten verabschieden. Solche Abschiede waren meistens mit Essen und Wodka verbunden, so dass es körperlich richtig harte Tage wurden. Mit Kollegen, mit denen ich zukünftig zusammenarbeiten wollte, waren letzte Absprachen zu treffen. Auf meine Bitte schrieb mir Nikolai Sergejewitsch eine Beurteilung. Man konnte ja nie wissen, wozu sie einmal gut sein könnte. Heute weiß ich, dass sie für nichts gut war. Besonders herzlich fiel die Verabschiedung bei *Viktor Wladimirowitsch Timofejeff* und *Semjon Klimowitsch Ustinov* aus.

Am 12. Juli brachten mich Nikolai Sergejewitsch und Lonja um 14 Uhr auf den *Irkutsker* Flugplatz. Die Maschine sollte um 15 Uhr abheben. Ich musste 80 Rubel für Übergepäck bezahlen. Wir umarmten und küssten uns unter Tränen. In dem knappen Jahr hatten wir feste Freundschaft geschlossen. Dann wechselte ich in den Transitraum. Der Abflug verzögerte sich immer weiter, da die Maschine, die mich nach *Moskau* bringen sollte, noch nicht da war.

Gegen Mitternacht traf ich dann in *Moskau* auf dem Flughafen *Scheremedjewo* ein. Doch kein *Sergei Pawlowitsch Kirpitschov war* zu sehen. Er war da und erhielt die Mitteilung, dass die Maschine heute nicht mehr kommen würde. Ich fuhr mit dem Autobus zum Flughafenhotel und bekam dort ein Zimmer. Ein dicker, unsympathischer Hoteldiener kam auf mich zu, nahm meine Koffer und stellte sie in den Lift. Ich bedeutete ihm, dass ich die Koffer selbst tragen kann. Er schüttelte den Kopf, fuhr mit nach oben und brachte das Gepäck in mein Zimmer. Dann blieb er stehen und hielt beide Hände auf. Ich hatte in meiner Brieftasche noch einen 50-Rubelschein und 4,50 Rubel Kleingeld. Letzteres schüttete ich ihm in die Hände. Er warf einen Blick auf das Geld, steckte es ein und schüttelte den Kopf. „Das ist zu wenig!", sagte er. „Mehr habe ich nicht", antworte ich und drehe mich dabei um, um meine Kutte an einen Kleiderhaken zu hängen.

Wie ich ihm klar machen wollte, dass er verschwinden soll, sah ich ihn gerade noch mit meinen Koffern auf dem Flur verschwinden. Er sprang mit diesen in den Lift und schloss die Tür. Der Lift setzte sich abwärts in Bewegung. Ich raste die Treppen herunter, war jedoch viel langsamer als der Lift. Vor dem Lifteingang in der ersten Etage standen meine Koffer. Von dem Pagen war nichts zu sehen. Ich ging zur Rezeption, um mich zu beschweren. Dort schüttelte man mit dem Kopf. „Hoteldiener haben wir hier nicht. Jetzt aber schnell nach oben, sonst haben die Diebe das Zimmer ausgeräumt." Gemeinsam mit der Dame von der Anmeldung fuhren wir wieder in die neunte Etage. Aber dort war nichts passiert, da ich mit einem gewissen Instinkt noch die Tür abgeschlossen hatte, bevor ich den „Hoteldiener" verfolgte.

Ich war völlig nassgeschwitzt und genoss es, mit warmem Wasser duschen zu können. Am nächsten Morgen frühstückte ich und rief Sergei Pawlowitsch an, der mich eine Stunde später abholte. Wir fuhren in seine Wohnung, wo er mir seine Frau, eine Ballettänzerin am Bolschoitheater, und seine Eltern vorstellte. Dann frühstückten wir und tranken bis zum Mittag Wodka. Sein Vater war Kunstmaler. Er zeigte mir interessante Bilder und bot mir an, heute Nachmittag für mich zwei Bilder nach Motiven meiner Wahl anzufertigen. Ich hatte sofort zwei Themen parat: „Auf der Jagd" und „Rückkehr der Jäger nach Hause". Gleichzeitig erklärte ich ihm, was ich mir unter diesen Motiven vorstellte.

Dann fuhr ich mit Sergei Pawlowitsch in die Stadt. Ich habe aber keine Erinnerung daran, was wir dort gemacht haben, da ich im Kopf eine Wodkablockade hatte. Sergei Pawlowitsch ging es ähnlich. Wir kehrten in seine Wohnung zurück und tranken starken Kaffee, der uns wieder zu einem klaren Kopf verhalf. Der Vater brachte mir die versprochenen Bilder als Geschenk. Ich bedankte mich vielmals, denn sie entsprachen genau meiner Vorstellung.

Dann mussten wir aber los. Sergei Pawlowitsch bestellte ein Taxi und kam selbst mit zum Flugplatz. Jetzt am späten Nachmittag war die Abflughalle völlig leer. Ich checkte ein und plötzlich waren Sergei Pawlowitsch und ich von 15 bis 20 Sicherheitsbeamten umstellt. Meine beiden Koffer hatte ich bereits abgegeben. Ich hielt nur noch die *Palmá* (Bärenspieß) in der Hand, die ich so mit ins Flugzeug nehmen wollte. Die Beamten machten mir klar, dass es sich dabei um wertvolles Kulturgut handelt, das nicht ins Ausland ausgeführt werden darf.

Jetzt schlug die große Stunde von Sergei Pawlowitsch. Er machte ihnen klar, dass ich auf der Jagd einen *Ewenken* vor dem Ertrinken gerettet hatte und mir dieser aus Dankbarkeit die *Palmá* geschenkt hatte. Die Beamten wurden wankelmütig, meinten dann aber, dass sie dann auch als Gepäck aufgegeben werden müsste. Ins Handgepäck dürfe sie auf keinen Fall. Bis *Moskau* war sie allerdings im Handgepäck gereist. Außerdem prophezeiten sie, dass der Zoll in Berlin mir dieses Gerät abnehmen würde. Sergei Pawlowitsch und ich umarmten uns unter Lachen. „Schreib mir, wie das mit der *Palmá* ausgegangen ist", rief er mir noch hinterher, ehe sich die Tür des Transitraumes schloss.

Während des Fluges nach Berlin hatte ich keine ruhige Minute. Ich überlegte immer wieder, welche Ausreden ich dem Zoll vortragen sollte, damit er mir den Bärenspieß lässt. Die Maschine war ausgebucht und wir standen in Berlin-Schönefeld schon eine halbe Stunde vor dem Koffer-Karussell. Dann endlich setzte sich das Laufband in Bewegung. Lange Zeit kam nichts. Dann erschien als einziges Gepäckstück meine *Palmá*. Es brach ein riesiges Gelächter unter den Passagieren ein. Keiner wusste, was das ist. Ich nahm sie und verzog mich in eine Ecke. Dann folgten meine Koffer, und ich beschloss, als Letzter durch die Zollkontrolle zu gehen, um die anderen Passagiere nicht unnötig aufzuhalten. Aber das Schicksal meinte es gut mit dem Heimkehrer: Eine freundliche junge Zollbeamtin winkte mich durch und nahm keinerlei Notiz von meinem ungewöhnlichen Gepäck.

Draußen wartete mein Bruder Wulf, der mich mit dem Auto nach Hause fuhr. Dort war die ganze Familie, einschließlich Bärbel und der Kinder, anwesend. Brunhild, die bei meiner Abreise ein halbes Jahr alt war, schrie fürchterlich, als sie den ihr unbekannten Mann sah. Da wurde mir erneut klar, was dieser Sibirienaufenthalt für meine Familie bedeutet hatte.

Epilog

Die Erlebnisse meines Aufenthaltes in *Irkutsk* habe ich aufgeschrieben, da die Berichte einiger Korrespondenten über Sibirien in verschiedenen Medien von vielen Bekannten mit großem Interesse aufgenommen wurden. Ich wollte aufzeigen, dass es Unterschiede zwischen vorbereiteten Reisen und dem einfachen spontanen Leben in Sibirien gibt, die man nur erfährt, wenn man längere Zeit im Land lebt und mit verschiedenen Bevölkerungsgruppen in näheren Kontakt kommt.

Demjenigen, der sich zu solchen Besuchen in Sibirien entscheidet, rate ich dringend, sich durch intensives körperliches Training auf die Strapazen von Taigaaufenthalten vorzubereiten. Man muss fit sein, unter primitivsten Bedingungen schlafen können, tierische Bewohner, wie Mäuse, Wanzen oder andere Arten nicht scheuen, und keine großen Ansprüche an die Ernährung haben.

Der Autor mit seinem Sibirischen Rehbock, der bei seiner Todesflucht beide Stangen verlor (siehe Seite 72)

Eine vernünftige, zweckentsprechende Ausrüstung für den sibirischen Winter ist heute kein Problem. Die wichtigsten Utensilien sind ein leichter warmer Schlafsack, der Funkenflug verträgt, ein entsprechender Rucksack, wetterfeste Streichhölzer, ein Teekessel, ein Metallbecher und ein kleiner Topf. Alles, was man in die Taiga mitnehmen will, muss leicht sein, da man mit hohen Gewichten längere Märsche durch die Wildnis kaum übersteht. Eine Waffe ist unbedingt erforderlich.

Allen, die dazu beigetragen haben, dass ich diese interessante Zeit gut überstanden habe, besonders meiner Familie und meinen russischen Freunden, möchte ich dafür herzlich danken.

Besonderer Dank gilt Heiko Schwartz als Verleger und Frank Rakow für die Durchsicht und Korrektur des Manuskriptes.

Christoph Stubbe
Sandkrug, Frühjahr 2009

WOLFGANG BAUER / MALTE DÖRTER
Mein Herz ist in den Highlands

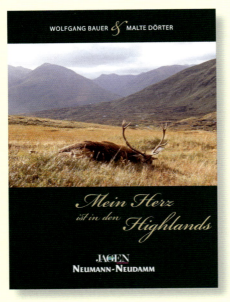

Hardcover, 192 Seiten
zahlr. farb. Abb.
Format 17 x 24 cm
ISBN 978-3-7888-1284-3

Sprudelnde Flüsse, die Stille, spiegelglatte Oberfläche einsamer Lochs sind ebenso Synonyme für die schottische Landschaft wie das rote Leuchten der Highlands in der Abendsonne. Von der anspruchsvollen Flintenjagd auf die schnellen Grouse oder die schweißtreibende Pirsch auf den Royal Stag in freiem Gelände reichen die Jagderzählungen die den Jäger immer wieder zurück in die schottischen Reviere ziehen.

Malte Dörter und Wolfgang Bauer sind ausgewiesene Kenner der Jagd in Schottland. Beide berichten regelmäßig in Fachmagazinen über die Jagd in Schottland und haben sich nun zusammengetan um Eindrücke und Erlebnisse dieser Jagden in einem Buch zu verarbeiten.

Verlag J. NEUMANN-NEUDAMM AG
Schwalbenweg 1
34212 Melsungen

Tel.: 0800 – 228 41 71
info@neumann-neudamm.de
www.neumann-neudamm.de

Siegfried Kursch
Nordische Wälder – Weite Prärie
Jagderlebnisse in Nordamerika

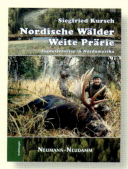

Das zauberhafte Licht des Nordens und die urwüchsige raue Wildnis üben eine immerwährende Faszination auf den Jäger aus. Elch, Bär und Vielfraß sind die besonderen Wildarten die man erwartet, wenn es um die Fauna des hohen Nordens geht. Aber auch die Jagd in den weiten Ebenen und Steppen des nordamerikanischen Kontinents kommen nicht zu kurz. Faszinierende Jagdschilderungen, brillante Bilder und tiefsinnige Eindrücke hält dieses Buch für den Leser bereit. Siegfried Kursch ist einer der viel unterwegs ist und es seit Jahren versteht, seiner großen Fangemeinde etwas von seinen Reisen mitzubringen. Er ist mit der Kamera ebenso erfolgreich wie mit der Büchse und begeistert mit seinem lebendigen Schreibstil.

Hardcover, 160 Seiten, zahlr. farb. Abb., Format 14,8 x 21 cm
ISBN 978-3-7888-1265-2

Taigaträume – *Russische Jagdabenteuer*

Russland – das ist urtümliche Jagd, ein Abenteuer in der unverfälschten Natur. Der Autor war während zahlreicher Jagdreisen mit einheimischen Jägern in den Weiten Russlands unterwegs, auf der Fährte von Rothirsch, Elch, Sibirischem Steinbock, Maral und Isubra-Hirsch, kreuzte im Schnee die Spuren von Wolf, Bär und Amur-Tiger, nächtigte in Zelten oder Hütten und kochte draußen über dem offenen Feuer. Seine Abenteuer beschreibt und dokumentiert er mit stimmungsvollen, brillanten Fotos der eindrucksvollen Landschaft, Bevölkerung und der Tierwelt. Siegfried Kursch, der vielen durch sein Buch „Australische Safari" bekannt ist, legt mit diesen Erlebnis- und Erfahrungsberichten erneut eine Mischung aus Information und Unterhaltung vor, die sicher nicht nur Auslandsjäger begeistern wird.

Hardcover, 96 Seiten, 122 farb. Abbildungen, Format 21 x 20 cm
ISBN 978-3-7888-1081-8

Durch Russlands Weiten – *Erlebtes auf der Jagd*

Es gibt Länder, in denen ist die Wildnis noch so ursprünglich, dass Jagd noch echtes Abenteuer ist. Russland gehört ohne jeden Zweifel dazu und so ist es kaum verwunderlich, dass es diejenigen, die einmal dort jagen waren, nicht mehr loslässt. Siegfried Kursch berichtet in diesem zweiten Buch nach seinen erfolgreichen „Taigaträumen" von den vielfältigen Jagdmöglichkeiten, die dieses riesige Land bietet, aber auch von der großen Gastfreundschaft, der Herzlichkeit der Jäger untereinander und selbstverständlich auch von der einzigartigen russischen Kultur. Im Anhang des Buches hat der Autor einige Tipps für die Jagdreise nach Russland zusammengestellt und ein kleines Wörterbuch für die Verständigung mit den einheimischen Jägern.

**Hardcover, 144 Seiten, 121 farb. Abbildungen,
Format 14,8 x 21 cm
ISBN 978-3-7888-1178-5**

Verlag J. Neumann-Neudamm AG
Schwalbenweg 1
34212 Melsungen

Tel.: 0800 – 228 41 71
info@neumann-neudamm.de
www.neumann-neudamm.de

Wolfgang Schulte
Bockjagd
Die stärksten deutschen Böcke

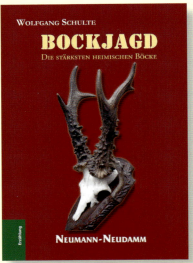

Starke Böcke faszinieren uns immer wieder. Wo und wann wurden die stärksten heimischen Rehböcke erlegt? Wie kamen sie zur Strecke und was ergab ihre Bewertung? Wolfgang Schulte führte für sein neuestes Jagdbuch umfangreiche Recherchen durch und trug die Erlegungsgeschichten der stärksten deutschen Böcke zusammen. Darüber hinaus vermittelt diese einmalige Dokumentation im Anhang auch Informationen zu den stärksten europäischen Rehwildtrophäen.

Natürlich ist die Seltenheit und Stärke einer Jagdtrophäe nicht allein ausschlaggebend für die Intensität des jagdlichen Erlebens. Der Schwierigkeitsgrad und die Spannung einer Jagd, Beharrlichkeit, List, Können und der „Wettstreit der Sinne" werden vielfach als genauso bedeutend oder wichtiger angesehen. Dennoch üben starke und urige Rehkronen eine besondere Faszination aus. Folgen Sie dem Autor auf die mitunter geheimnisvollen Fährten starker und teils hochkapitaler Rehböcke, die in unseren heimischen Revieren zur Strecke kamen und deren Erlegungsgeschichten der Nachwelt erhalten bleiben sollen.

Der Autor Dr. Wolfgang Schulte, Jahrgang 1954, ist promovierter Biologe. Er begann seine berufliche Laufbahn im Forstbereich und war lange Jahre in Bonn auf Bundesebene tätig. Er arbeitet für bekannte deutsche Jagdmagazine sowie als Buchautor und Fotograf.

Hardcover, 288 Seiten, zahlr. farb. Abb.
Format 17 x 24 cm
ISBN 978-3-7888-1271-3

Verlag J. Neumann-Neudamm AG
Schwalbenweg 1
34212 Melsungen

Tel.: 0800 – 228 41 71
info@neumann-neudamm.de
www.neumann-neudamm.de